张 华 著

外汇交易市场技术分析
有效性研究

知识产权出版社
全国百佳图书出版单位
—北京—

图书在版编目（CIP）数据

外汇交易市场技术分析有效性研究/张华著. —北京：知识产权出版社，2019. 10
ISBN 978 – 7 –5130 – 6518 – 4

Ⅰ.①外…　Ⅱ.①张…　Ⅲ.①外汇交易 – 研究　Ⅳ.①F830. 92

中国版本图书馆 CIP 数据核字（2019）第 213808 号

内容提要

针对外汇市场的特征，本书深入分析了外汇市场上复杂技术形态的信息含量问题，创建了基于人工智能算法的外汇交易策略模型，丰富了外汇投资研究的理论。

责任编辑：高　源　　　　　　　　　　责任印制：孙婷婷

外汇交易市场技术分析有效性研究
WAIHUI JIAOYI SHICHANG JISHU FENXI YOUXIAOXING YANJIU

张　华　著

出版发行：知识产权出版社有限责任公司	网　　址：http://www.ipph.cn
电　话：010 – 82004826	http://www.laichushu.com
社　　址：北京市海淀区气象路 50 号院	邮　编：100081
责编电话：010 – 82000860 转 8701	责编邮箱：laichushu@cnipr.com
发行电话：010 – 82000860 转 8101	发行传真：010 – 82000893
印　刷：北京建宏印刷有限公司	经　销：各大网上书店、新华书店及相关专业书店
开　本：720mm×1000mm　1/16	印　张：9.5
版　次：2019 年 10 月第 1 版	印　次：2019 年 10 月第 1 次印刷
字　数：170 千字	定　价：52.00 元

ISBN 978-7-5130-6518-4

/ **目 录** *CONTENTS* /

第1章 绪 论

第2章 外汇交易市场的特征与分析方法

第 5 章 基于 Dempster-Shafer 证据理论的外汇交易策略研究

第 6 章 基于遗传算法的外汇交易策略研究

绪　论

1.1　研究背景及研究意义

1.1.1　研究的背景

外汇市场作为一个国际性的资本投机市场,历史比股票、期货、黄金和利息市场短得多。但是,它的发展速度却很快。目前,外汇市场每天的交易规模已经远远超过期货、股票等其他金融商品市场,成为当今全球最大的金融市场。

外汇市场作为金融市场的重要组成部分,其交易对象是一种特殊的金融资产——外汇。外汇具有金融资产的一般特性,汇率的运动也类似于股票、债券和其他金融产品的价格。随着外汇市场的开放和管制的不断放松,传统的汇率理论已不足以解释现代汇率的运动规律和波动特征。标准的宏观经济模型对于汇率的现实波动,尤其是短期变化缺乏足够的解释力,预测能力甚至连简单的随机游走模型都不如。这就使得传统的宏观汇率模型陷入了一种难以自圆其说的困境,于是人们开始重新审视传统宏观汇率模型的前提假设——外汇市场有效。20 世纪 80 年代,大量实证研究基本上都拒绝了外汇市场的有效。外汇市场的失效使技术分析重新成为外汇投资领域的研究热点。

技术分析始于 19 世纪末的道氏理论(Dow Theory),其发展经历了形态分析、指标分析及自动交易规则等不同的阶段。技术分析通过分析金融市场的历史数据（价格和成交量）来预测资产价格未来的变动趋势，建立买卖金融资产的特殊交易法则。尽管技术分析方法在金融市场上已经应用了一个多世纪，且90%的个人及机构投资者一直在使用技术分析方法，但技术分析一直是有争议的。在很长的时间里，由于主流金融经济学家相信市场的弱有效性，技术分析的有效性受到质疑。20世纪六七十年代的许多研究成果也支持了这一观点。但一些学者近来的研究发现，技术分析可能是有效的，所谓有效性就是利用技术分析指导投资决策能够产生超额收益。近几年，技术分析方法的有效性检验重新成为金融投资领域的一个研究热点。

技术分析，作为金融分析中的重要组成部分，其手段随着信息技术的发展被不断注入新的理论支持。几十年来，批评者与支持者针锋相对的理论斗争，不仅使技术分析成为金融投资领域引人注目的焦点，更极大地推动了技术分析本身的发展。特别是在信息技术快速发展的今天，新技术、新理论的应用使技术分析得到了空前的发展。

技术分析通过分析金融市场的历史数据来建立买卖的特殊交易规则，以期最大化利润和最小化风险。虽然对于技术分析方法能否获得超额收益仍然有争议，但从绝大多数投资者采用技术分析方法进行投资分析的角度看，它不可能是完全没有效果的。与市场有效性相同，我们不应过分纠缠于判断它是否能够获得超额收益，而应分析其获得超额收益的能力及获利能力的变化特点，技术分析方法的研究应与能够获得超额收益的交易策略的研究更紧密地结合。

伴随着现代金融市场的发展，金融分析人员越来越多地依靠交易所提供的买卖交易记录来分析价格趋势，并建立投资策略。计算机辅助交易的优势在于能够实时响应市场变化，捕捉转瞬即逝的投资机会，并在极短的时间内下达交易指令，实现获利。一般地，计算机辅助交易系统由硬件系统、交易策略系统和交易分析系统三部分构成。在这三个子系统中，交易策略系统中的交易策略设计尤为重要[1]。由于交易策略设计涉及大量计算机语言编程，因而计算机辅助交易也被称为算法交易（Algorithmic Trading），NYSE称之为程序交易（Program Trading）。计算机辅助交易系统还有许多别名，如机器交易（Robot Trading）、黑箱交易（Black-box Trading）等，这主要是因为交易策略设计的程序员和交易员学科背景不同而导致的命名差异。实际上，最早一批从事衍生品产品交易策略设计的研究者几乎都是从应用物理学和应用数学相关领域转行的。

交易策略在 21 世纪初得到了空前发展。2001 年，美国证监会（Securities and Exchange Commission，SEC）变更基本计价单位，从 1/16 美元降低到 1/32 美元。这一举措本意是通过降低交易费用来吸引小投资者或个人参与金融市场，但为了争夺新出现的客户，小型交易策略开发公司大量涌现，并在算法交易策略系统方面与大型经纪公司展开了激烈的竞争。竞争的结果不仅大大降低了交易费用，还使得算法交易的观念深入人心，以至于美国大大小小的基金或交易咨询公司在募集资金或招徕客户的时候都会突出自己的算法交易系统的优越性，其所涉及的分析工具集已经超出金融工程的范围，并延伸到了物理学、信息工程学等领域。

在美国，采用算法交易的交易者一般持有众多资产的不同规模的多空头寸，其品种的变换也十分活跃，导致了十分庞大的交易额。根据 NYSE 统计，在过去的 5 年中，30% 的交易量是由算法交易完成的，自 2007 年次级债危机爆发后，算法交易的份额有所降低，但 2008 年至今仍然完成了 NYSE 20% 以上的交易额，在美国固定收益证券市场，算法交易所产生的交易量高达 60%。根据美国资本市场顾问公司 Aite Group LLC 统计，2006 年度，算法交易完成了欧盟和美国 1/3 的股票市场交易额，1/4 的外汇市场交易额，以及 1/5 的衍生品市场交易额。

算法交易策略的应用规模之大，以至于人们会下意识地把算法交易看作金融市场灾难的源头。其实，在金融市场，所有能够影响价格的信息都必须通过价格变化释放到市场。算法交易者本身并不能预测未来，但算法交易技术的敏感性使得算法交易者更快地获取价格变化中包含的不利信息。加之算法交易者头寸较大，群体的抛售会明显加剧价格波动。因此，算法交易在很大程度上促进了股灾形成，而不是其产生原因。金融市场中基于计算机辅助的交易策略系统近 10 年的兴起和繁荣过程，暗示着合适的交易策略不仅可以获利，而且这种获利是一种普遍的现象。这说明现实中市场远非有效，依赖于搜集各种有价值的信息，就可以得到并改进对于价格的预测。算法交易在信息搜索和提取的过程中扮演了一个高效率的辅助和执行工具的角色。算法交易关注交易执行层面的短期策略，其本身既不产生观点，也不改变观点，只是交易规则设计者的观点表达。信息产生后，如果交易者能够尽快地获取信息并作出响应，就能提前应对。因此，算法交易可以看作是这个信息提取和决策过程的自动化。为赢得决策时间，交易策略的设计不能过于复杂，并且需要尽可能地优化数据处理过程，这使得算法交易具备了较强的计算机优化特征。

随着计算机信息技术的高速发展，交易策略的有关研究应运而生。对于实务界而言，交易策略是捕捉获利机会的手段；对于学术研究而言，它是验证市场是否有效的实现工具。那么，交易策略是否有效，是否具有实际可操作性？带着这些疑惑，本书在分析外汇市场形态技术分析有效性的基础上，建立基于智能算法的外汇交易模型。

1.1.2 研究的意义

外汇市场作为目前国际上重要的投资场所，其技术分析的有效性问题成为现代投资学的重要研究领域。伴随着计算机技术的发展，各种人工智能方法在金融投资领域的应用受到了理论研究者和投资者的普遍关注，成为近几年金融经济学研究的一个热点。针对外汇市场独有的特征，本书深入分析了外汇市场上复杂技术形态的信息含量问题。为了给外汇投资者提供投资决策的依据，创建了基于人工智能算法的外汇交易策略模型，进而也丰富了外汇投资研究的理论。因此，本书具有十分重要的理论实践意义和广阔的应用前景。

1. 有利于促进金融理论研究的发展

组合投资理论、资本资产定价模型（CAPM）、套利定价理论等金融经济学理论都是建立在市场有效性的基础之上的，而对复杂技术形态信息含量的研究将促进相关金融理论研究的发展。

2. 有利于促进金融投资策略的研究

市场有效性水平是人们进行投资决策必须考虑的一个关键因素，对于市场有效性的不同认识决定了投资者的投资理念和投资方法。虽然专家学者们对市场有效性含义及市场异常现象等实证结果的理解有分歧，但市场有效性的研究结果对于人们选择投资策略具有重要的指导意义。如果市场是有效的，人们将倾向于选择消极投资策略，而市场有效性研究中发现的市场非有效的情况对于投资者正确选择积极的投资策略具有重要的借鉴意义。

3. 有利于促进人工智能算法在金融投资领域的发展

将证据理论、遗传算法与技术分析指标相结合，有利于推动人工智能算法在投资领域的应用，同时交易策略的构建也为投资者提供了从靠经验交易到理性投资的方法，充实了外汇投资的研究内容，为技术分析研究开辟了新的思路。

4. 对业界投资者的实际操作有一定的指导作用和参考价值

从投资角度来看，可以通过正确的投资策略来分散资产的风险。进行资产投资时，可以选取有利于自己的资产，掌握买卖的时机，对业界技术分析投资者的实际操作具有一定的参考价值和指导作用。

1.2 相关文献研究综述

技术分析有效性的争论促进了该研究的发展进程，产生了大量研究文献。根据实证检验程序的特点，将外汇市场上有关技术分析研究的文献分为早期研究（1961—1987 年）和现代研究（1988—2018 年）。早期研究通常只考虑一个或者两个交易规则，未能充分处理交易风险，未对收益的显著性做统计检验，规则的参数优化、样本外检测及数据窥察问题也常常被忽略。相比之下，现代研究凭借日益强大的计算机辅助技术模拟了数以千计的交易规则，包括交易成本、交易风险、最优规则的样本外评估和收益的统计显著性检验。

1.2.1 早期实证研究综述

由表 1−1 可以看出，外汇市场上早期的大部分研究都显示了技术交易规则的盈利能力（Poole（1967）[2]，Logue 和 Sweeney（1977）[3]，Cornell 和 Dietrich（1978）[4]，Logue，Sweeney 和 Willett（1978）[5]，Dooley 和 Shafer（1983）[6]，Sweeney（1986）[7]）。其中，比较有代表性的文献有 Dooley 等（1983）和 Sweeney（1986）。

Dooley 等（1983）对过滤规则的获利能力进行了定量研究，但其目的是证实外汇市场汇率的短期波动是否是由交易员大量使用技术分析所引起的。按照 Fama（1966）的思路[8]，应该运用序列相关、游走检验，以及过滤规则对 10 种不同的汇率进行分析，同时考虑欧洲货币的隔夜利率对即期汇率的影响。研究结果表明，汇率序列存在着显著的自相关性，几乎利用所有的交易规则都可以获得显著的收益，还发现日价格波动的标准差和过滤法则的收益率存在正相关性。为了强化这一结论，他们还利用自回归模型模拟多个随机序列用于检查过滤规则的表现，但结果表明过滤规则对于模拟序列没有显著的获利能力。这个无法解释的结论对 EMH 理论提出了质疑。Sweeney（1986）发展了一种考察过滤规则有效性的检验，该检验主要是通过常系数的风险溢价设定来扣减过滤规则所获得的收益，然后再与市场收益率相比较。实证结果表明，即使在考虑了交易费用和风险溢价调整之后，过滤法则仍然可以获得显著的超额利润。其中，1% 的过滤规则能产生统计上显著的 3.0%～6.75% 的年平均收益。

表 1-1　外汇市场早期技术分析研究概要（1961—1987 年）

文献	数据（频率）	样本区间	交易规则	基准策略	交易成本	结论
Poole（1967）	9 种汇率（每日）	1919—1929 年	0.1%～2% 的 10 个滤波规则	买卖持有策略	未调整	对于最好的滤波规则而言，9 种汇率中有 4 种年平均净收益超过 25%，滤波规则优于买卖持有策略
Logue 和 Sweeney（1977）	瑞士法郎兑美元即期汇率（每日）	1970—1974 年	0.7%～5% 的 14 个滤波规则	买卖持有策略	每笔单向交易额的 0.06%	扣除交易成本后，14 个交易规则中有 13 个规则优于买卖持有策略。与投资法国政府债券策略相比，只有 4 个滤波器不能产生更高的收益
Cornell 和 Dietrich（1978）	6 种即期汇率：德国马克、英镑、日元、加拿大元、瑞士法郎、荷兰盾兑美元（每日）	1973—1975 年	0.1%～5% 的 13 个滤波规则及 10 天、25 天、50 天的移动平均规则	买卖持有策略	根据所有交易的买价与卖价的价差计算的平均值	对于荷兰盾、德国马克和瑞士法郎，每个交易系统的最优交易规则的年净回报率均超过 10%，而英镑、加拿大元和日元，尽管年净回报率（1%～4%）相对小了点，但是收益仍高于买卖持有策略。此外，由于测试中没有任何一个系统风险的估计超过 0.12，三个高回报率的货币对不太可能补偿系统风险

续表

文献	数据（频率）	样本区间	交易规则	基准策略	交易成本	结论
Logue、Sweeney 和 Willett（1978）	7 种汇率（每日）	1973—1976 年	0.5%~15% 的 11 个滤波规则	买卖持有策略	未调整	对于每一种汇率（德国马克、英镑、日元、里拉、瑞士法郎和荷兰盾），最优交易规则的收益都高于买卖持有策略，收益的范围从 9.3%~32.9% 不等
Dooley 和 Shafer（1983）	纽约市场上 9 种汇率（每日）	1973—1981 年	1%~25% 的 7 个滤波规则	未考虑	调整，但未具体指定	尽管每种货币的实验结果稍有不同，一般地，小滤波规则（1%、3%、5%）能产生较高的利润，而较大的滤波规则会招致亏损
Sweeney（1986）	美元兑德国马克及额外的 9 种货币汇率（每日）	1973—1975 年	0.5%~10% 的 7 个滤波规则	买卖持有策略、优化的交易规则	每笔双向交易资产价值 1% 的 1/8	无论是样本内或者是样本外，小滤波规则（0.5%~5%）均能产生高于买卖持有策略的收益，并且交易成本并没有抵消滤波规则风险调整的收益。其中 6 种汇率的 8 个滤波规则产生的收益无论是样本内还是样本外都显著优于买卖持有策略

  上述早期实证研究存在以下严重缺陷。第一，主要针对一些便于定义、可准确量化的、少数简单技术交易规则（如过滤规则、移动平均规则等）展开，而对另一些在实务界被广泛采用的复杂技术形态（如头肩形）的检验却极为少见。第二，对交易规则超额收益的显著性检验主要依赖于收益率正态分布假设下的 t 统计量，而真实收益率过程的复杂性使得 t 检验的真实性和可靠性难以保证。第三，只检验了收益率线性模型的预测能力与获利性，而线性相关性也许并不足以揭示技术分析所探测到的价格序列当中复杂的相关模式。第四，一般以所考虑的所有交易规则的平均绩效来评价技术分析的有效性，但这很可能掩盖了个别绩优规则的获利能力。第五，对某种特定交易规则而言，研究者在多个可能的参数当中进行选择时可能导致数据窥察偏差（Data Snooping Bias），而早期研究并未对此做出探讨。

1.2.2 现代实证研究综述

与早期研究相比，现代研究对交易规则做了更为全面的分析。尽管现代研究对早期交易规则检验程序的局限性有所提高，但是在处理交易成本、交易风险、参数优化、样本外测试、统计检验和数据窥察等问题时，有相当大的差异。据此，将现代研究分成五组，如表 1－2 所示。"标准研究"（Standard Studies）、"特定模型的 Bootstrap 研究"（Model-based Bootstrap）、"遗传规划研究"（Genetic Programming）、"非线性研究"（Non-liner）、"技术形态研究"（Pattern Study）。

表 1－2　外汇市场技术分析现代研究目录（1988—2018 年）

类别	研究数量	标准代表性研究	交易成本	风险调整	规则优化	样本外检测	统计检验	数据窥察	显著特征
标准研究	8	Lee 等（1996b）	√	√	√	√	√		执行参数优化和样本外测试
特定模型 Bootstrap 研究	5	LeBaron 等（1999）		√			√		用特定模型 Bootstrap 方法作统计检验，未执行参数优化和样本外测试
遗传规划研究	4	Neely 等（1999）	√	√	√	√	√	√	利用遗传规划技术优化交易规则
非线性研究	3	Gencay 等（1998a）	√	√	√	√	√		利用最近邻或前馈神经网络产生交易信号
技术形态研究	5	Chang 和 Osler（1999）	√	√		√			采用识别算法识别图表模式

1. 标准研究

标准研究包括规则的参数优化、样本外测试、交易成本和风险的调整及统计检验。外汇市场上标准研究文献如表 1－3 所示，其中最具用代表性的文献是 Lee 等（1996b）[9]。Lee 等对 10 种每日的即期交叉汇率进行实证研究，每 3 年优化一次交易参数，这样既可以确保最佳参数是自适应的，也可以保证模拟是样本外的。采用双尾 t 检验来检验零假设——技术交易规则产生的净收益是零，单尾 t

检验用于检验扣除交易成本之后净收益的显著性。样本内期间，Lee 等发现对于
移动平均交易规则和通道规则而言，除日元兑德国马克和日元兑瑞士法郎（年净
收益分别为 11.5% 和 8.8%）外，其他交叉汇率的收益并不显著。样本外测试结
果更糟糕，除德国马克兑里拉外，移动平均和通道规则的收益均为负值。Olson
（2004）[10] 报道了移动平均规则在外汇市场的风险调整收益从 20 世纪 70 年代的
3% 开始下降，到 20 世纪 90 年代末期则几乎不能获利。

表 1-3　外汇市场技术分析"标准研究"概要（1988—2010 年）

文献	数据（频率）	样本区间	交易规则	基准策略	交易成本	结论
Menkhoff 和 Schlumberger（1997）[11]	3 种即期汇率：德国马克兑美元、德国马克兑日元和德国马克兑英镑（每日）	1981—1985 年（1986—1991 年）	振荡指标、动力指标	买卖持有策略、优化的交易规则	每笔双向交易额的 0.2%	样本外期间，扣除交易成本后，129 个交易规则中有 84 个规则的测试表现优于买卖持有策略。然而，样本内的最佳交易规则的优势在样本外区间开始恶化，但性能仍然优于买卖持有策略
Lee 和 Mathur（1996a）[12]	6 种欧洲即期交叉汇率（每日）	1988—1992 年（1989—1993 年）	移动平均规则	零均值收益、优化的交易规则	每笔双向交易额的 0.1%	样本内测试结果显示，除日元兑德国马克和日元兑瑞士法郎（年收益分别为 11.5% 和 8.8%）外，其他所有交叉汇率都不能产生显著正收益。样本外测试结果更糟糕，大部分的交叉汇率是负收益
Lee 和 Mathur（1996b）	10 种即期交叉汇率（每日）	1988—1992 年（1989—1993 年）	移动平均、通道规则	零均值收益、优化的交易规则	每笔双向交易额的 0.1%	样本内期间，除日元兑德国马克和日元兑瑞士法郎（年收益分别为 11.5% 和 8.8%）外，其他所有交叉汇率的收益均不显著，通道规则的结果与此类似。样本外测试结果更糟糕，大部分的交叉汇率产生负收益。只有德国马克兑里拉，移动平均规则和通道规则能获得统计上显著的收益

续表

文献	数据（频率）	样本区间	交易规则	基准策略	交易成本	结论
Maillet 和 Michel (2000)[13]	12 种汇率（美元、德国马克、日元、瑞士法郎、英镑的组合）（每日）	1974—1979 年（1979—1996 年）	移动平均规则	零均值收益、买卖持有策略、优化的交易规则	未调整	除德国马克兑瑞士法郎外，优化的移动平均规则产生的收益统计上显著优于相应的买卖持有策略。Bootstrap 测试推翻了这个结论 12 种汇率中只有 4 种汇率（德国马克兑美元、德国马克兑瑞士法郎、日元兑美元、日元兑瑞士法郎）产生高收益
Lee、Gleason 和 Mathur (2001)[14]	13 种拉丁美洲的即期汇率（每日）	1992—1999 年（不同时期数据）	移动平均规则、通道规则	零均值收益、优化的交易规则	每笔双向交易额的 0.1%	样本外测试结果显示，对于巴西、墨西哥、秘鲁和委内瑞拉这 4 个国家的货币而言，移动平均规则能显著正收益。除秘鲁货币外，通道规则也能产生正收益
Lee、Pan 和 Liu (2001)[15]	亚洲国家的 8 种汇率	1988—1994 年（1989—1995 年）	移动平均规则、通道规则	零均值收益、优化的交易规则	每笔双向交易额的 0.1%	样本外测试显示，对于韩国、新西兰、新加坡的货币而言，移动平均规则和通道规则均能产生正收益。然而，这两个交易规则产生的收益几乎为零
Martin (2001)[16]	发展中国家的 12 种汇率（每日）	1992 年 1 月—6 月（1992 年 7 月—1995 年 6 月）	移动平均规则	卖空策略、优化的交易规则	单向交易额的 0.5%	样本外测试，12 种货币中的 10 种获得正收益，其中有 5 种货币的年收益达到 35%。然而，夏普比率显示移动平均规则不能产生高于风险调整的回报
Olson (2004)	18 种汇率（每日）	1971—1975 年（1976—2000 年）	移动平均规则	买卖持有策略、优化的交易规则	每笔双向交易额的 0.1%	样本外测试显示，每一种货币和等权重的 18 种货币组合的风险调整后的收益随时间变化下降。对于 18 种货币的组合，年度风险调整收益从 1970s 的 3% 开始下降，到 1990s 接近 0。整体而言，外汇市场移动平均规则的收益随时间的推移有所下降

2. 特定模型的 Bootstrap 研究

Brock 等（1992）[17]首次提出运用特定模型的 Bootstrap 方法对技术交易规则的收益进行更为精确的统计检验，同时考察价格变化的动态过程对技术交易规则能力的影响。Bootstrap 检验方法在外汇市场上的应用发现了大量支持技术分析的证据，如 LeBaron（1999）[18]、Raj（2000）[19]、Neely（2002）[20]、Saacke（2002）[21]和 Sapp（2004）[22]等对移动平均规则的检验。对此的一般解释是，中央银行出于降低波动性，考虑通常会干预汇率的变化，使得汇率的正常调整被延迟，进而导致汇率变化过程中存在一定的可用于预测的趋势。

3. 遗传规划研究

早期研究方法中存在这样一个重要缺陷，即只是从事先给定的交易规则参数集中寻优，而这些参数对应的交易规则很可能是过去本来就表现很好并引起人们更多关注的交易规则，因而存在事后选择性偏差。然而，学者们对如何校正这种事后选择性偏差一直没有提出正式的解决方法，直到 1999 年 Allen 和 Karjalainen[23]首次将遗传规划（Genetic Programming）方法引入到技术交易规则的获利性检验。Neely 和 Weller（1997[24]、1999[25]、2001[26]、2003[27]）对外汇市场的研究发现，主要外汇汇率的最优交易规则能获得 1.7% ~ 8.3% 不等的显著年超额收益。Hryshko（2004）[28]利用遗传算法和强化学习算法搜索外汇市场上常用 10 种技术指标的最优组合，将该组合作为最优的交易规则，实证结果显示最优指标组合可以获得超额回报。剑桥大学金融研究中 Dempster 等（2006）[29]将技术指标的集合、包含私人信息的订单和订单流数据作为输入，然后利用遗传规划来选择最优交易规则。其选用外汇高频数据作为研究对象，结果显示，包含公共信息的技术指标、包含私人信息的订单和订单流组合在一起，生成可以获得超额收益的交易规则。该组合要好于单独使用技术指标，或者单独使用订单流、订单数据。虽然系统仅使用了很少数的技术指标，但是这少数的技术指标所含的信息对订单和订单流是一种补充。研究还证明了如果仅使用订单和订单流指标，而不适用技术指标，交易系统获得收益要相对减少。这表明，非公开信息，尤其是订单流和订单数据对外汇市场的预测具有重要作用，详见表 1 - 4。

表 1-4   外汇市场"遗传规划"技术分析研究概要（1988—2010 年）

文献	数据 （频率）	样本 区间	交易规则	基准 策略	交易成本	结论
Neely、 Weller 和 Dittmar （1997）	6 种汇率、两种交叉汇率（每日）	1975—1977 年 1978—1980 年 （1981—1995 年）	利用遗传规划在每个样本期内产生的 100 个交易规则	买卖持有策略、优化的交易规则	样本期内：每笔双向交易额的 0.1%；样本外：每笔双向交易额的 0.05%	所有货币的年均收益是 2.9%，高于买卖持有策略（0.6%）。因为所有交易规则收益的 Betas 值均是负的，表明超额收益不能补偿系统风险。此外，性能较优的交易规则不能被标准统计模型（随机游走、ARMA、ARMA-GARCH）所解释
Neely 和 Weller （1999）	4 种交叉汇率（德国马克兑瑞士法郎、德国马克兑里拉、德国马克兑荷兰盾、德国马克兑英镑）（每日）	1979—1986 年 （1986—1996 年）	利用遗传规划在每个样本期内产生的 100 个交易规则、移动平均规则和滤波规则	买卖持有策略、优化的交易规则	样本期内：每笔双向交易额的 0.1%；样本外：每笔双向交易额的 0.05%	样本外期间，扣除交易成本之后，基于遗传规划的交易规则的年平均超额收益从 0.1%（德国马克兑荷兰盾）到 2.8%（德国马克兑英镑）。相比之下，移动平均规则和滤波规则的年平均收益在 -0.2%～-0.1%。但是并没有证据证明遗传交易规则的超额回报能补偿系统风险
Neely 和 Weller （2001）	4 种汇率：德国马克、日元、英镑、瑞士法郎兑美元（每日）	1975—1980 年 （1981—1992 年） 1987—1992 年 （1993—1998 年）	利用遗传规划在每个样本期内产生的 100 个交易规则	买卖持有策略、优化的交易规则	样本期内：每笔双向交易额的 0.1%；样本外：每笔双向交易额的 0.05%	在 1981—1992 年，美联储的干预提高了英镑和瑞士法郎的最优交易规则的盈利能力。例如，对于英镑，投资组合的年收益从 0.5% 增加到 7.2%。相比之下，1993—1998 年，除德国马克外，干预降低了交易规则的盈利能力。因此，银行的干预活动似乎不是交易者获利的来源

续表

文献	数据 （频率）	样本 区间	交易规则	基准 策略	交易成本	结论
Neely 和 Weller （2003）	4 种汇率： 德国马克、 日元、英 镑、瑞士 法郎兑美 元（日内）	1996 年 2 月— 5 月 （1996 年 6 月— 12 月）	利用遗传 规划产生 的 25 个 交易规则	线性预 测模 型、优 化的交 易规则	单向交易 额的 0、 0.01%、 0.02% 和 0.025%	外汇市场上，有很强有力 的证据证明技术交易规则 的预测能力。因为当交易 成本为 0 时，4 种汇率中 3 种的年收益超过 100%。此 外，大多数情况下，遗传 规则似乎是不如自回归线 性模型，尽管它们的性能 没有太大的区别
Hryshko 和 Down （2004）	欧元兑美 元（5 分 钟数据）	2002 年 6 月— 11 月	利用 GA - RL 算法 搜索技术 指标的 组合	买卖持 有策略	4 个点差	利用基于遗传算法和强化 学习算法共同寻找技术指 标的最优组合，将该组合 作为最优交易规则，用于 5 分钟的高频外汇交易， 实证显示可以获得超额 回报
Dempster、 Bates 和 Austin （2006）	3 种汇率： 英镑、欧 元、日元 兑美元 （日内）	2002 年 3 月— 6 月 （2002 年 7 月— 9 月）	利用遗传 规划、技 术指标、 订单和订 单流产生 的交易 规则	买卖持 有策 略、优 化的交 易规则	样本期内： 每笔双向 交易额的 0.1%；样 本外：每 笔双向交 易额的 0.05%	结果显示包含公共信息的 技术指标和包含私人信息 的订单、订单流指标组合 在一起，创造了可以获得 收益的自动交易规则。证 明非公开信息，尤其是订 单流和订单数据对外汇市 场的预测具有重要作用

4. 非线性研究

Brock 等（1992）的 Bootstrap 检验发现，各种常见的收益率线性模型均不能解释技术交易规则的收益特征，这一实证结果预示着真实的收益率动态过程很可能存在某些隐藏的非线性相关模式。根据这一预示，Gencay（1999）[30]首次考察了技术交易规则的非线性预测能力。他对 5 种即期汇率 1973—1992 年的数据做了实证分析，结果发现基于非线性模型（最近邻、前馈神经网络）和移动平均规则（1/50 和 1/200）所产生的买卖信号优于随机游走和 GARCH（1，1）模型。其中，最近邻模型产生的正确信号高达 62%。Sosvilla - Rivero 等（2002）[31] 的研究发现，对于德国马克和日元，基于最近邻回归交易规则的净回报分别为 35% 和 28%，优于买卖持有（其收益分别为 - 1.4% 和 - 0.4%），正确的买卖信号预测率分别达到 53% 和 52%。然而，当忽略美国银行干预时，该交易策略的净收益大幅下降，分别为 - 10% 和 - 28%，预测性能低于买卖持有策略。Fernández - Rodríguez 等（2003）[32] 利用欧洲货币体系的 9 种汇率 1978—1994 年的天数据做了实证检验。结果表明，对于大部分汇率，基于最近邻回归的非线性模型的年均收益都优于移动平均规则。非线性交易规则能产生统计上显著的 1.5%～2.0% 年净收益。夏普比率标准的结果与此类似，9 种货币中有 8 种的非线性交易策略能产生较高的夏普比率。2007 年王立萍等运用协整方法检验了外汇市场的有效性，而且实验分析表明该方法对外汇市场的长期数据是可行的。李志等（2009）采用马科维茨均值 - 方差模型，在外汇市场中通过该模型交易得到了较好的收益，同时也能有效规避风险。陈希远等（2018）利用卷积神经网络（CNN）对外汇市场的价格进行预测，然后将预测结果用于外汇交易，最终获利。

5. 技术形态研究

除各种简单技术交易规则之外，一些复杂技术图形在实务界也得到广泛应用。与简单技术交易规则可准确量化定义不同，大多数技术图形都是复杂的非线性几何图形，其本身所具备的复杂性使得技术交易者在实际操作中一般只能依赖视觉主观地判断价格序列当中是否存在特定的技术图形。因此，学术界对技术分析有效性的检验主要针对简单技术交易规则展开，而对基于复杂技术图形的交易策略的检验则非常少见。但随着计算机技术的发展和各种先进计量统计工具的引入，对复杂技术图形进行较为客观、准确的识别和检验已成为可能。一些学者在该领域做了大量的研究工作 [Curcio 和 Payne（1997）[33]，Chang 和 Osler（1999）[34]，Guillaume（2000）[35]，Osler（2000）[36]，Lucke（2003）[37]]，如表 1 - 5 所示。正如 Osler 等（2000）所指出的，对这些复杂技术图形的深入研究将有助于人们理解金融时间序列当中某些特殊的随机现象。

表 1-5　外汇市场"技术形态"研究概要（1988—2010 年）

文献	数据（频率）	样本区间	交易规则	基准策略	交易成本	结论
Curcio 和 Payne（1997）	3 种汇率（1 小时）	1989 年 4 月—6 月（1994 年 1 月—6 月）	支撑阻力	买卖持有策略	买卖价差	样本期间的实证结果表明，在扣除交易成本后，36 个买规则和卖规则中仅有 4 个产生统计上显著的正回报
Chang 和 Osler（1999）	6 种汇率（每日）	1973—1994 年	头肩形态、移动平均和动量策略	买卖持有、股票收益	每笔双向交易额的 0.05%	对德国马克和日元，头肩形态能赚取一定收益，但是对其他货币却没有。德国马克和日元的年收益分别为 13% 和 19%，远高于买卖持有策略。即使在扣除交易成本、风险和利差外，收益结果仍然很明显。然而，移动平均规则和动量规则对这 6 种货币均有预测能力。此外，就总收益和夏普比率，后者明显优于头肩形态
Guillaume（2000）	3 种汇率（日内）	1989 年 4 月—6 月 1994 年 1 月—6 月	4 种交易区间突破规则	买卖持有策略	买卖价差	对于第一个样本区间，个别交易规则产生统计上显著的净盈利，特别是在趋势市场中。对于第二个样本区间，没有交易规则能产生显著的净收益，即使是在趋势市场中。一般地，支撑阻力规则要优于最大 - 最小规则（Brock 等 1992）

文献	数据 (频率)	样本 区间	交易规则	基准 策略	交易成本	结论
Osler (2000)	3 种汇率 (日内)	1996 年 1 月— 1998 年 3 月	支撑阻力 规则	未考虑	未调整	将 6 家公司公布的每种货币的支撑阻力的"弹跳频率"与人工支撑阻力的"弹跳频率"进行对比,结果发现,日内汇率的趋势被公布的支撑阻力水平中断的频率要高于人工支撑阻力水平。尽管具有预测能力的支撑阻力是变化的。此外,结果是统计显著的、具有鲁棒性
Lucke (2003)	美元、德国马克、日元和瑞士法郎 (每日)	1973— 1999 年	头肩形态	未考虑	未调整	一般地,对于头肩形态规则,除 1 天持有期外,其兑美元的持有期(2 ～ 15 天)均不能产生正的收益。此外,结果还表明交易规则的收益与银行干预似乎不相关

现代实证研究结果显示,盈利的技术交易规则的数量要远远大于亏损的交易规则。通过以上文献综述可知,大量研究结果都发现了很多支持技术分析具有预测与获利能力的证据。总体而言,技术分析在外汇市场上被证实具有一定的获利能力,但这一获利在 20 世纪 90 年代后开始下降。虽然一些研究方法依然存在有待改进的地方,但这些文献得到的结果却是不可否认的。

1.2.3 实证研究总结

根据上述实证研究的调查结果,尚无法对技术分析的预测力给出一个一致的结论,但在这里有必要指出一些接受这些结论前要考虑的因素。首先,在进行实证检验时,可能所取得的数据不同,处理方法也不尽相同。币种、数据来源(原始数据或处理过的数据)、数据选取的时间范围(起止时间或间隔时间)、收益率的计算方法及有可能导致的误差都会对最终结果产生不可忽视的影响;其次,实证检验的过程及结果总是隐含着某些假设,如模式的识别、统计结果的显著性水平选择、正常收益和超常收益的区分、比较基准的选择等问题都会影响最终结果。

1.3 研究内容和结构安排

1.3.1 主要研究内容

现代资本市场理论与金融投资实践之间的重大分歧之一是有效市场假说与技术分析之间的矛盾。本书旨在对外汇市场复杂技术形态的有效性及交易策略进行研究。不仅涉及金融学和经济学的基本理论,而且涉及证据理论和人工智能领域的相关知识。

本书将主要针对外汇市场的复杂技术形态的信息含量进行探讨,并根据外汇市场高频交易的特点,分别建立基于证据理论和基于遗传算法的交易策略。首先,借鉴国外该领域的研究成果,运用非参数核回归方法,对一些实务界广泛关注的复杂技术形态进行量化定义和识别检验。通过对技术图形的条件收益率和非条件收益率的经验分布的差异性检验,检查技术图形是否具有可用于预测的额外信息含量,进而间接证明外汇市场技术分析的有效性。其次,根据常用的反映趋势和反转的技术指标,利用人工智能算法,分别建立基于 D-S 证据理论和基于遗传算法的外汇交易策略。实证部分,针对世界上几大主要货币,对所建立的交易策略进行检验分析。

1.3.2 结构安排

本书共分为七章。

第1章为绪论。主要介绍研究背景和研究意义、相关文献研究综述、研究内容和结构安排。

第2章为外汇交易市场的特征及投资分析方法。首先,对外汇市场的交易特征、外汇市场的参与者、外汇市场的交易方式做了简单介绍。通过对外汇市场交易特征的分析，使投资者对外汇市场的认识更加全面深入。其次，介绍了外汇市场的两种基本投资分析方法——基本面分析和技术分析，进一步指出了技术分析受到的挑战。最后，对比了技术分析与基本面分析的优缺点。

第 3 章为宏观汇率模型检验的失效与外汇市场的效率分析。首先，梳理了各种有代表性的宏观经济理论，包括国际借贷理论、购买力平价理论、利率平价及资本市场理论等。其次，从宏观汇率决定模型实证检验方面出发，引出这些实证检验对于解释汇率波动效果甚微的结果。宏观模型检验的失效使人们对宏观汇率结构模型中一个重要的假设前提"有效性"产生怀疑。基于此，对外汇市场的有效性做了详细分析，为随后关于外汇市场复杂技术形态有效性的研究做好扎实且有效的铺垫。

第 4 章为外汇市场复杂技术形态的信息含量研究。本章扩展了技术形态的定义，模型中增加了"突破"的概念，开辟了检验技术形态有效性的新视角。实证研究采用外汇市场上 20 种货币的收盘价数据，通过对比基于技术形态的条件收益率与非条件收益率在经验分布上的差异，揭示复杂技术形态是否具有可用于预测的额外信息。实证结果显示，复杂技术形态可以提供显著的信息含量。

第 5 章为基于 D-S 证据理论的外汇交易策略研究。针对外汇市场的多变性和存在诸多不确定性的客观事实，引入证据理论来处理不同指标分析方法结论存在的差异；将不同的指标作为独立的证据源，用 Dempster-Shafer 合成规则对各个指标分析方法的结果予以融合，建立了基于证据理论的多指标融合外汇交易模型，给出了基于证据理论的交易框架。根据技术指标的特点及交易原理，构造了指标证据的基本概率分配函数。

第 6 章为基于遗传算法的外汇交易策略研究。利用遗传算法来寻找技术指标的最优组合，该组合能帮助投资者准确地判断汇率上升或者下降的时机。该方法考虑了交易策略中指标参数的优化，克服了技术指标中参数靠经验选择的困难。

第 7 章对本书的研究内容进行了全面总结，并针对未来的研究思路做出展望。

本书的基本研究框架如图 1-1 所示。

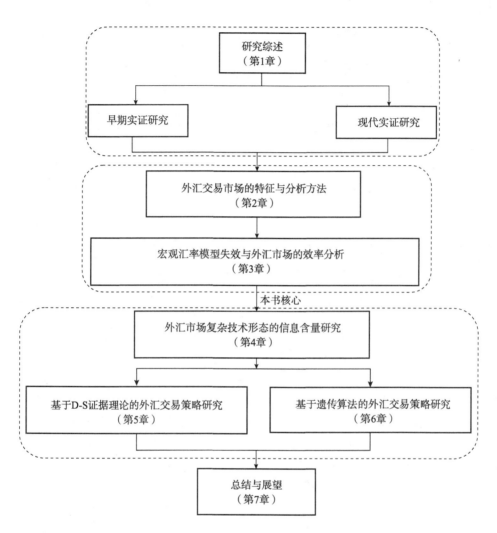

图 1-1　主要研究思路与框架

第 2 章

外汇交易市场的特征与分析方法

　　能够追溯到 16 世纪的外汇市场是世界上历史最悠久的金融市场。在很早以前，很多商人便开始了不同国家间的贸易。为了更好地使商品进行流通，他们需要拥有不同国家的货币用以进行贸易。16 世纪的热亚那集市是目前发现的最早的外汇交易活动，据记载每次外汇交易的时间都长达八天。从那个时候开始，欧洲国家之间的外贸活动越来越频繁，其中伦敦和阿姆斯特丹都曾是当时著名的外汇交易中心。当时外汇交易采取的是集中模式，该模式大概一直持续到 20 世纪 30 年代，后来由于电话的发明和普及，最先出现在伦敦的电话经纪人改变了这个外汇交易模式，使之逐渐转换为分散性的市场交易。在这些历史积淀的基础上，20 世纪 60 年代外贸交易活动开始活跃，再加之欧洲几个重要的国家都相继放松了外汇管制，这些都进一步推动了资本在世界范围内的流动，从而使得外汇交易市场得到长足的发展[38]。

　　外汇交易市场是指从事外汇买卖的交易场所，或者说是各种不同货币相互之间进行交换的场所，是金融市场的主要组成部分。目前，外汇交易市场是世界上最大、最活跃的金融市场，日交易量在数万亿美元，远高于全世界股票市场和债券市场的交易量。外汇交易市场简单说就是一个不同货币共同交易的场所，有广义和狭义之分，广义的外汇交易市场是指所有进行外汇交易的无形场所；狭义的外汇市场指外汇银行之间进行外汇交易的场所。外汇市场交易主要通过无形的市场来完成。

2.1　外汇交易市场的特征

　　近年来，外汇交易之所以能为越来越多的人所青睐，成为国际上投资者的新宠儿，与外汇交易市场本身的特点密切相关。外汇交易市场的一些特征使得技术分析运用于外汇交易市场比运用于其他市场更加有效[39]。

1. 有市无场

西方工业国家的金融业基本上有两套系统，即集中买卖的中央操作系统和没有统一固定场所的行商网络系统。股票买卖是通过交易所进行的，集中买卖金融商品，其报价、交易时间和交易程序都有统一的规定，并成立了同业协会，制定了同业守则。投资者通过经纪公司买卖所需的商品，就是"有市有场"。而外汇买卖则是通过没有统一操作市场的行商网络进行的，它不像股票交易有集中统一的地点。然而，外汇交易的网络却是全球性的，并且形成了没有组织的组织，市场是由大家认同的方式和先进的信息系统所联系，交易商也不具有任何组织的会员资格，但其必须获得同行业的信任和认可。这种没有统一场地的外汇交易市场被称之为"有市无场"。全球外汇交易市场每天平均有上万亿美元的交易，庞大的巨额资金就是在这种既无集中的场所又无中央清算系统的管制，以及没有政府的监督下完成清算和转移的。

2. 循环作业

由于全球各金融中心的地理位置不同，亚洲市场、欧洲市场、美洲市场因时间差的关系，连成了一个全天24小时连续作业的全球外汇市场。早上8时半（以纽约时间为准）纽约市场开市，9时半芝加哥市场开市，10时半旧金山市场开市，18时半悉尼市场开市，19时半东京市场开市，20时半新加坡市场开市，凌晨2时半法兰克福市场开市，3时半伦敦市场开市。如此24小时不间断运行，外汇市场成为一个不分昼夜的市场，只有星期六、星期日及各国的重大节日，外汇市场才会关闭。这种连续作业，为投资者提供了没有时间和空间障碍的理想投资场所，投资者可以寻找最佳时机进行交易。

3. 零和游戏

在股票市场上，如果某种股票或者整个股市上升或者下降，那么某种股票的价值或者整个股票市场的股票价值也会上升或下降。然而，在外汇市场上，汇价的波动所表示的价值量的变化和股票价值量的变化完全不一样，这是因为汇率是指两国货币的交换比率，汇率的变化也就是一种货币价值的减少与另一种货币价值的增加。有人形容外汇交易是"零和游戏"，更确切地说是财富的转移。近几年，投入外汇市场的资金越来越多，汇价波幅日益扩大，促使财富转移的规模也越来越大，速度也越来越快，以全球外汇每天 4 万亿美元的交易额来计算，上升或下跌 1%，就是 4000 亿美元的资金要换新的主人[40]。

4. 交易规模大、交易币种集中

根据国际清算银行的统计，目前外汇日交易量规模达到 4 万亿美元。这主要归功于现代科学技术的发达，使得交易手段不断更新，加速了国际的资金流动，导致人们频繁地在各个外汇市场上进行套利活动。尽管外汇交易规模巨大，但交易的币种却不多。当今，外汇市场交易的币种主要是美元、英镑、瑞士法郎和日元等几种国际性货币。其中，美元占有 80% 以上的交易量，这与美元在各个外汇市场上被作为基础货币有关。

5. 汇率波动频繁且幅度加大

世界各国经济发展不平衡及外汇市场运行机制存在的差异，为国际投机炒家进行外汇投机创造了条件，加剧了外汇市场动荡。汇率波动不定，加大了外汇市场的风险，给外汇市场所在国家或地区带来巨大冲击，有时甚至是破坏。当今，外汇市场全球化促使各国货币当局联合起来对外汇市场进行干预，一国货币当局难以应付外汇市场的异常波动。

6. 高度的投机性

高度的投机性是外汇市场的一个重要特征。许多交易者参与外汇交易的目的完全是为了投机收益。在日常交易过程中，交易者会预测判断汇率的可能变化，同时猜测其他交易者可能的决策，然后做出认为对自己有益的交易决策。同样地，其他交易者也存在类似行为。于是，就形成了交易者之间复杂的博弈行为。外汇市场上，与汇率波动有关的信息非常多，包括全球性的、国家性的、政治的、经济的、宏观的、微观的，等等。一个普通的市场交易者需要在较短的时间内完成对这些信息的解读、处理和判断，难度是非常大的。因此，交易者很难形成对每一条信息的准确理解。很多时候，投机心理在其交易决策中占据了主导地位。

2.2　外汇市场的交易者

外汇市场的交易者可以划分为外汇交易商、经纪人和客户三种类型，如

图 2 – 1 所示。

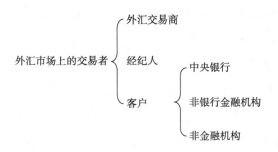

图 2 – 1　外汇市场上的交易者

2.2.1　外汇交易商

外汇交易商，一般来自主要商业银行的金融部门，互相之间进行交易或是与外部的客户（可能是大公司或金融机构）进行交易。交易商是外汇市场中重要的组织机构，一些重要银行和投资银行担任着这个角色。交易商的作用举足轻重，他们向客户和其他的交易商提供双向报价。在主要的即期市场，大部分交易商只交易单个货币对。交易商职权有限，在每次报价中能够决定外汇交易的价格，却不能改变购买或者销售的地位。通常情况下，涉及外汇交易的资金数额巨大，而交易商必须要用自身的账户交易，这就需要交易商自己拥有足够的资本额，并且拥有较强的外汇存货管理能力。

2.2.2　外汇经纪人

外汇经纪人是指外汇管理当局指定的外汇经纪商，是撮合外汇买卖的媒介者，从中赚取外汇买卖的佣金。他们本身并不介入外汇买卖，因而不需要拥有外汇头寸，也不承担外汇买卖中因汇率变动带来的风险。他们的经济功能是：（1）沟通外汇买卖双方的关系，便于交易；（2）提供有关汇率变动的信息，促进外汇交易顺利进行；（3）其目的是赚取外汇交易的佣金，并不承担汇率变动的风险。外汇交易的间接交易模式使得外汇经纪人的存在成为可能。

2.2.3　客户

客户由中央银行和不属于交易商的小银行、个人、非金融公司、管理基金、保险公司等几部分组成。中央银行参加交易主要是为了完成交易或是通过官方干预影响汇率波动。这些市场参与者之间的交易可能是直接的也可能通过经纪人中介。据统计，交易商的内部交易占了全部交易的50%～60%，而且几乎一半是通过经纪人进行的交易。一般情况下，由于与交易商进行交易的客户已经与其在业务上建立了良好的合作关系，因此交易商对客户的信用状况都较为了解。两者之间的交易过程类似于交易商间的直接交易。客户通常主动要求交易商对需要交易的外汇进行报价，之后交易商根据要求同时报出买卖价格，也叫作双向报价，最终由客户决定买卖甚至放弃交易[41]。

不同的客户类型对待风险的喜好程度及保值和流动性的需求都各不相同，如中央银行、金融公司和非金融公司等机构。大部分交易商都拥有一个稳定的客户基础，并且他们渴望通过与更多的客户建立稳定的外汇交易来获取更多客户的私有信息。他们通过了解和分析客户的信息以形成对汇率水平的准确判断，将外汇交易中由于汇率变化导致的损失降至最低。

2.3　外汇市场的交易方式

外汇是伴随着国际贸易而产生的，外汇交易是国际结算债券债务关系的工具。近十几年，外汇交易不仅在数量上成倍增长，而且在实质上也发生了重大的变化。外汇交易不仅是国际贸易的一种工具，而且已经成为国际上最重要的金融产品，投资性质的外汇交易占到外汇交易总量的90%以上。外汇交易的种类随着外汇交易性质的变化而趋多样化[42]。

2.3.1　个人外汇现钞交易

个人外汇现钞交易，是指个人委托银行，参照国际外汇市场实时汇率，把一种外币兑换成另一种外币的交易行为。由于投资者必须持有足额的要卖出外币才能进行交易，个人外汇现钞交易较国际上流行的外汇保证金交易缺少卖空机制和融资杠杆机制，因此也被称为实盘交易。本书所讨论的外汇交易方式就是外汇实盘交易。目前，国内主要的银行都开展了个人外汇现钞买卖业务。国内的投资者，凭手中的外汇，到银行办理开户手续，存入资金，即可通过互联网、电话或柜台方式进行外汇买卖。

2.3.2 外汇期货交易

外汇期货交易是金融期货的一种，是以汇率为标的的期货合约。外汇期货交易是指按照买卖双方在交易时确定的汇率，在约定的日期，用美元买卖约定数量的另一种货币。外汇期货的买卖是在专门的期货市场进行的。期货市场至少要包括两个部门：一个是交易市场，另一个是清算中心。期货的买方或卖方在交易成交后，清算中心就成为其交易对方，直至期货合约实际交割为止。

外汇期货合约最少要买卖一个合约。每一个合约的金额，对不同的货币有不同的规定，每一个期货合约的价值大概为 10 万美元。外汇期货合约的价格全是用一个外币等于多少美元来表示。外汇期货合约为保证金交易，即投资者在买卖外汇期货合约时，只需要按照合约价值的一定比例（一般不超过 10%）交纳保证金即可成交，待交割时再按合约价值补足剩余部分。投资者在进行外汇期货合约交易时，既可以先买后卖，也可以先卖后买，即可双向选择。外汇期货合约的交割日期有严格的规定，为一年中的 3 月、6 月、9 月、12 月的第3 个星期三。

期货交易中的对冲机制在外汇期货交易中同样适用。大量投资者从事外汇期货合约买卖是为了赚取合约价格波动的差价，而不是为了在最终的交割日获得另一种货币。因此，大量持有外汇期货合约的投资者都会在最终交割日前，通过相反的操作（即对冲），终止履行合约的义务。

2.3.3 外汇合约现货交易

外汇合约现货交易，又称外汇保证金交易、按金交易、虚盘交易，指投资者与专业从事外汇买卖的金融公司（银行、交易商或经纪商）签订委托买卖的合约，缴付一定比率（一般不超过 10%）的交易保证金，便可按一定融资倍数买卖十万、几十万甚至上百万美元的外汇。这种合约形式的买卖只是对某种外汇的某个价格做出书面形式或口头的承诺，然后等待价格出现上升或下跌时，再做买卖的结算，从变化的价差中获取利润，当然也承担了亏损的风险。

外汇合约现货交易与外汇期货交易有很多共同点，如合约约定的外币金额、实行保证金交易、可以通过对冲交易结束交易、可以先买后卖，也可以先卖后买等。外汇合约现货交易与外汇期货交易最大的不同是，外汇合约现货交易不需要进行最终交割，没有到期必须交割的限制。

外汇期货交易必须在专门的期货交易所进行，而外汇合约现货交易则没有专门的交易场所。外汇合约现货交易以做市商方式进行，专业从事外汇买卖的金融公司（银行、交易商或经纪商）就是外汇合约现货交易市场的做市商。投资者在一家金融公司开立外汇交易账户后，这家金融公司就以做市商的形式成为投资者交易外汇的对手方。投资者按照外汇合约现货交易做市商公布的买进、卖出价格，卖出、买进外汇合约，做市商必须保证交易的实现。

投资者可以根据自己保证金的多少，买卖几个或几十个合约。一般情况下，投资者利用 1000 美元的保证金就可以买卖一个合约，当外币上升或下降，投资者的盈利与亏损是按合约的金额即 10 万美元来计算的。

2.3.4　外汇在线保证金交易

1997 年以来，随着互联网的发展，在线外汇保证金交易逐渐风靡世界，成为外汇交易的流行方式，不仅银行间的交易开始采用在线方式，个人也越来越多地通过互联网参与外汇市场交易。

外汇在线保证金交易本质上是一种外汇合约现货交易。外汇在线保证金交易与外汇合约现货交易的主要区别是合约约定的货币数量不同。一个标准外汇在线保证金交易合约约定的货币数量，对日元、瑞士法郎、加拿大元是 100000 美元，其他货币为 100000 英镑、100000 欧元。外汇在线保证金交易还有一种"迷你"合约，其约定的货币数量，对日元、瑞士法郎、加拿大元是 10000 美元，其他货币为 10000 英镑、10000 欧元。在线外汇交易的发展，打破了地域的局限，使原来必须依赖本地经纪商才能参与外汇交易的个人和小型机构投资者，可以更加方便地进行外汇投资。

2.4　基本面分析与技术分析

外汇交易市场的特征决定了外汇市场的投资分析方法。目前，外汇市场的两种主要分析方法为基本面分析和技术分析。基本面分析着重于分析影响外汇市场的各种宏观因素，如利率差、经济增产差、资产的供需关系、投机、资本流向等，其目的在于判断外汇市场变动的主要方向或大势。技术分析亦称图表分析，技术分析所关注的是价格、成交量和未平仓合约（Open Interest），其目的在于判断未来几天内价格如何变动。因此，外汇预测的时间跨度越长，技术分析的结果就越不准确，投资者需要依赖于汇率的基本面分析。但就短线交易来讲，技术分析还是有一定的预测能力[43]。基本面分析与技术分析最明显的一点区别就是：基本面分析研究市场运动的原因，而技术分析研究市场运动的结果。

2.4.1 基本面分析的基本方法

1. 购买力平价（PPP）

外汇市场自实行浮动汇率以来，汇价的走势就开始活跃地波动。利用这种波动获利就成为投资者研究的重点。在投资者看来，不同货币不过是不同的商品，一种商品究竟能够换多少另一种货币取决于哪种商品更值钱，这就是购买力平价的基本思路。外汇汇率是由不同货币所包含的购买力决定的。

在实际的投资活动中，投资者发现，通常汇价并不是与购买力平价完全同步的，但是两者是有联系的，即两者偏离的程度始终受购买力平价的制约，汇价一般不会偏离购买力平价太远。购买力平价对汇率的影响往往要经过较长时间才能体现出来，这是因为经济活动本身不是绝对理性的，同时购买力平价也只是影响汇率波动的主要原因之一。因此，购买力平价只是分析长期汇率走势的研究方法，投资者不要依赖它分析短期的汇率波动。购买力平价的最主要作用就是预测汇价的长期趋势，方法就是确定某种货币在外汇市场上是高估还是低估。一种高估的货币最后总要下跌，而已经明显低估的货币则有很大的上涨潜力。

购买力平价理论的一般研究方法是将通货膨胀率作为其研究标准和工具。因为一国通货膨胀率的高低与货币的购买力水平成反比。若一国通货膨胀率上升，则该货币的国内购买力下降，在外汇市场上该货币就会对外币贬值；反之，若一国通货膨胀率下降，则该货币国内购买力增强，在外汇市场上对外币就会升值。所以，通货膨胀率的研究可以比较两国的购买力水平，进一步确定两国的长期合理汇率。

2. 国际收支模式

国际收支是一国对外经济活动总和的货币反映。国际收支差额是一国在国际分工中地位的体现，也是一国经济对外延伸的结果。由于国际收支直接反映一国外汇的供求状况，所以对汇率的变动有最直接的影响。基本分析思路如下。

（1）如果一国国际收支持续顺差，由于收进的外国货币增多，外汇供过于求，必然引起外汇汇率的下跌。如果一国国际收支经常处于逆差状态，意味着其对外债务的增加，从而对外币的需求大于供给，则该国货币就有贬值的压力。

（2）贸易收支总额的扩大意味着本国和国外经济联系的增强，经济的外部依赖性增强，其结果是来自国外的利益增多，同时经济受外部的影响增大。

（3）资本收支规模反映了本国介入国际生产分工的深度。资本收支的逆差反映了本国储蓄大于资本，这说明本国的资本过剩或者国外投资收益率比本国要高。长期的资本收支逆差往往对应的是长期的贸易收支顺差。这对本国投资规模的扩大是一种制约，不利于改善本国就业状况，将使本国经济发展能力减弱。

（4）资本收支的长期顺差可以支撑贸易收支的长期逆差，为长期经济高速发展奠定物质基础。但是，长期依赖资本流入支撑的经济本质上是比较脆弱的，因为资本流动受很多因素的影响，很不稳定。一旦资本流入停止，一国经济就会陷入混乱。

与购买力平价理论一样，国际收支模式主要侧重于贸易商品和服务，忽视了全球资本流动日趋重要的作用。换言之，金钱不仅追逐商品和服务，而且从更广义而言，它还追逐股票和债券等金融资产。此类资本流入国际收支的资本账户项目，从而可平衡经常账户中的赤字。资本流动的增加产生了资产市场模式。

3. 国际资本流动

国际资本流动是短期汇率最重要的分析方法之一。在利率导向下的国际资本流动对短期的汇率走势产生直接的影响，它在很大程度上左右了短期外汇市场的走势。

自 20 世纪 70 年代以来，欧洲美元市场和离岸金融市场的蓬勃发展，使国际资本可以从受管制的国内市场转移出来，资本开始频繁、迅速流动。大量的国际游资在追逐利差的过程中产生大量的资本流动，直接影响了外汇市场短期汇率的走势。美元的一半脱离了美国金融管理机构的控制，这就是世界投资者都对美国的经济数据和资本市场如此关心的原因。

一般来讲，国际投资者选择资产的标准有两个：（1）投资的货币收益；（2）投资的资本收益。如果选择一种货币投资，那么投资者会选择未来可能升值的货币进行投资，以此获得买卖差价上的利润；如果选择一种资产投资，投资者首先要将该资产与其他国家的资产的收益进行比较，即比较金融资产的利差，选择一个实际收益高的资产进行投资。

影响投资者决策的是实际利率而非名义利率，实际利率是指名义利率与预期通货膨胀利率之差。实际利率有时与名义利率显示出相反的方向，但汇率总是随着实际利率而动。即使有时名义利率看上去好像左右汇率，但实际影响汇率的仍然是实际利率。值得注意是，实际利率高则汇率坚挺的结论主要是针对美国等西方国家而言，对于其他国家则不尽然。有些货币利率虽然高，但由于政治不稳定、投资环境不佳，因而也不能吸引资本流入。

4. 资本市场模式

国际资本流动的增加产生了资本市场模式。金融资产（股票和债券）贸易的迅速膨胀使分析家和交易商以新的视角来审视货币。诸如增长率、通货膨胀率和生产率等经济变量已不再是货币变动仅有的驱动因素。源于跨国金融资产交易的外汇交易份额，已使由商品和服务贸易产生的货币交易相形见绌。资产市场方法将货币视为在高效金融市场中交易的资产。因此，货币越来越显示出其与资产市场，特别是股票市场间的密切关联。

5. 国际借贷说

英国经济学家戈逊于 1861 年在其《外汇理论》一书中提出了从国际借贷的角度解释汇率的决定与变化的汇率理论，要点有三个：（1）外汇汇率的变化取决于外汇的供求；（2）外汇的供求取决于流动借贷的变化；（3）一国流动债权大于流动债务时，也就是说出现了资本净流入，外汇的供给就大于外汇的需求，外汇将贬值，本币将升值；一国流动债权等于流动债务时，外汇的供求平衡，外汇汇率不变；一国流动债权小于流动债务时，出现了资本净流出，外汇的供给就小于外汇的需求，外汇将升值，本币将贬值。

国际借贷说只适用于比较发达的外汇市场的国家。如果外汇市场不发达，外汇供求关系的真实情况就会被掩盖。如果外汇市场受到国家的干预，外汇供求决定汇率理论的作用就会打很大的折扣。这个理论的适用性，还要受到两国经济发展阶段必须大体相同的限制，如果两国中一国为发展中国家，另一个为发达国家，这个理论则难于应用。

2.4.2　技术分析的理论基础

汇率，作为重要的价格参数，它的走势和变化也是外汇供求关系的均衡和变化的结果。当供求失衡时，外汇交易者将迅速地反应，汇率随即变动。在外汇交易市场上，无论外汇汇率涨跌原因如何，交易者会对汇率的变化做出不同的反应，有的抛出，有的买入。这样，市场不同力量均衡的结果使汇率的变化按照一定的路径运行。外汇交易市场汇率的变化及其规律是外汇交易技术分析的基础。

技术分析是指根据过往的金融市场价格行为，以及应用数学和逻辑的方法，探索出一些典型的规律并据此判断未来可能的价格变化趋势的分析方法。运用在外汇交易中，则意味着根据过去的汇率水平对未来的汇率水平进行判断。其核心思想是外汇汇率由供求关系决定，而供求关系则是基本面、人们的预期及各种理性或非理性因素的共同反映。因此外汇市场的供求关系是需要重点研究的问题。

Murphy（1999）[44] 给出了技术分析著名的三大假设，这三大假设共同构成了技术分析的理论基础。

第一条假设是市场行为涵盖了一切信息。其主要思想是，影响汇率水平的每一个因素都反映在市场行为中，不管这些因素是一国的经济、政治还是市场参与者的心理，这些因素都通过供求关系影响汇率水平的决定。所以，对于技术分析人员而言，既然所有信息已经包括在市场行为中，只需要关心这些因素对市场行为的影响效果，而不必关心具体导致这些变化的原因及这些因素是如何使汇率水平发生变化的。

第二条假设是汇率沿趋势移动。其主要思想是，汇率的变动是按一定规律发生的，汇率水平有保持原来方向运动的惯性。从趋势上看，如果要改变这一既定的运动方向，必定先会出现汇率上升势头减缓并给出一定回转信号的情况。这是因为，外汇市场参与者的研判能力总是不一致的，当外汇交易专家通过分析认为某种货币有升值潜力时便会做出买入的行为，而跟进者则根据专家的行为决定自己的头寸。这些有先有后的买盘增加了该种货币的需求，从而形成一次上升通道。只要有足够多的跟进者买入，此种上升的态势就会持续下去。而当人们开始认为此种货币的上升潜力变得有限时，便会不再买入甚至开始抛出此种货币，其结果是该种货币汇率的上升势头减缓并最终发生回转。这样的过程最终形成了市场趋势。

第三条假设是历史会重演。其主要思想是，人的心理必然受到某些规律的制约，在面临相似的情景时，同一个人必定以相同或者相近的行为反应。技术分析即是利用了人类心理的该种特征，在归纳过去类似市场行为最终结果的基础上对后势进行判断。

在三大假设之下，技术分析有了一定的理论基础。第一条假设肯定了研究市场行为本身就意味着全面考虑影响汇率水平的所有因素，说明了技术分析的合理性；第二条和第三条假设使投资者运用技术分析能够找到规律，并可以切实应用在外汇市场的实际交易中。

2.4.3 技术分析的主要方法

1. 图表分析法

图表分析法是指根据记录的历史上的外汇走势图形分析和预测外汇未来走势的基本技术分析方法，其不管外汇汇率的走势和变化是由什么原因引起的。就反映金融行情的各种金融商品的图表来说，它们分别记录并显示各种金融商品的历史价格在一段时间内明显地呈现一种倾向，即或者向上、或者向下、或者逆转的走势。例如，从一定的汇率走势图中，可以看出美元汇率呈上升趋势，或者日元呈下降趋势。当然，基于市场预测的总体要求，在观察和预测外汇汇率本身的历史变化时必须密切关注影响其变动的其他相关因素的变化，但这不是图表分析法本身的内容。因此，在外汇交易的分析和预测过程中，必须把这种从价格本身的历史变化预测价格的未来变化趋势的图表分析法与其他方法结合起来。这样，外汇的交易分析才能够取得更准确的预测结果。

外汇走势图详细地记录了每一币种每时每刻的变化，反映了以往汇率变化的历史过程，是外汇交易技术分析的客观基础。但是，单纯的外汇走势图形分析只能预测未来汇价可能发生的变化，不一定得出准确的结果，因为能够真正决定市场走势的只有市场本身。各种市场因素的综合作用最终决定了汇价波动的方向。因此，只有将市场基本面分析与汇价走势图形分析有机地结合起来，抓住市场走势的变化，才能够正确分析外汇市场的走势，并获得利润。目前，外汇市场图形分析主要对点数图、曲线图、直线图、K 线图四种基本图形进行分析，其中曲线图、K 线图应用最广泛。

2. 趋势分析法

趋势分析法是外汇交易技术分析的重要内容。外汇市场的价格走势总是呈现趋势运动。了解和把握外汇交易的趋势，对于准确地分析和预测外汇价格的走势具有重要意义。

全球外汇交易市场起伏不断，不同的外汇汇率总是处于不停的波动中，按照波浪理论的说法，是在波浪中前进。通常汇率的这种波动可以分为上升趋势、下跌趋势和水平趋势。从事外汇交易，只有在某种货币汇率的上升趋势中买入才能获得收益；在该货币汇率的下跌趋势中买入可能招致亏损；在水平趋势中难以判断汇率的走向。因此，出现水平趋势时是最考验投资者耐心与信心的时刻。在外汇交易市场，水平趋势行情占每年交易的 70%～80%，其余的 20%～30% 才属多头或空头行情。

3. 形态分析法

形态分析法也是外汇交易技术分析的重要内容。外汇市场价格的走势可谓千变万化，但其在技术分析图表上，表现出的图形却有一定的规律，可以从各种不同形状的价格走势变化中归纳出一些常见的模式和形态。常见的形态有：头肩顶（HS）与头肩底（IHS）、三重顶（BTOP）与三重底（BBOT）、三角顶（TTOP）与三角底（TBOT）、矩形顶（RTOP）与矩形底（RBOT）、双头（DTOP）与双底（DBOT）。这些常见的图形形态变化的规律，可以帮助投资者更好地对汇价未来可能发生的变化做出预测和判断，捕捉买入和卖出的时机，从外汇交易中获利。本书的第 4 章将在此基础上详细研究外汇市场上复杂技术形态的信息含量。

4. 技术指标分析法

在外汇交易的技术分析过程中，通过趋势分析法和形态分析法，特别是通过分析汇率波动的支撑位和阻力位，能够很容易判断出限制汇价走势的关键价位。但当汇价到达此价位后能否会有所突破，是一个较难把握的问题。因此，外汇交易的技术分析还需要使用各种技术指标来进行分析判断，以提高对未来汇价走势预测的准确性和可靠性。一般地，外汇交易的技术指标是一种外汇成交价格或成交量的数学计算，运用这种数值可以预测汇率的走势。当然，这些指标有时候能够提供恰当的买卖信号，但在另一些时候会发出错误的信号。所以，在使用时要区别对待，不能盲目迷信技术指标。技术指标一般分为三大类：趋势类指标、能量类指标及摆动类指标。近年，又出现了很多不同的技术指标，其设计原理、数学模型也更趋复杂[45]。其实，从数学的观点看，技术指标是一个多元函数。原始数据在不同时刻的值是自变量，因变量是技术指标值。函数就是处理自变量的方式。

趋势类指标是以均线系统为基础，通过判断价格在近期所处的阶段（上升阶段、整理阶段和下降阶段）来指导交易行为。常见的指标包括移动平均线（MA）、指数移动平均线（EXPMA）、指数平滑异同移动平均线（MACD）等。

能量类指标多是以成交量指标作为其考察的基础而进行判断。成交量的变动体现了市场运作过程中供给与需求的动态实况。常见的指标有成交量（VOL）、能量线（OBV）、容量比率（VR）等。但是在外汇市场上，交易角色众多，上至国家、央行，下至个人，且全球各地都在进行交易，交易量非常巨大，没有机构能够有效、准确地统计出交易量，一般是由国际清算银行粗略地统计，统计结果是日均交易量在2.5～4万亿美元。官方软件所公布的"成交量"，只是单个服务器的成交量，而非真实的成交量。所以，书中建立交易策略模型时没有采用能量类指标。

摆动类指标一般属于中短线指标，是以概率统计理论正态分布假设为基础，通过考察一段时间内的价格变动范围及在此期间内某一时点的价格所处此范围的相对位置来判断买卖时机。一般情况下，短期的摆动类指标较为灵敏，能够迅速地反映价格的变化趋势，但多会频繁发出错误信号。为了消除虚假信号的干扰，实际运用中常采用两种方法：（1）用同一指标不同周期的信号加以校验；（2）结合趋势类指标加以判断。常用的指标包括：相对强弱指标（RSI）、顺势通道指标（CCI）、乖离率指标（BIAS）、变动率指标（ROC），等等。本书第5章和第6章建立的交易策略模型就是将趋势类指标和摆动类指标组合起来使用，寻找它们的最优组合。

2.5　对比基本面分析与技术分析

在外汇买卖中，每个人都希望准确地对汇率进行预测。外汇的分析方法分成基本面分析和技术分析。历史上，人们一直对哪种方法好争论不休。

基本面分析和技术分析各有特点，立场鲜明，各有各的预测依据和标准，谁优谁劣，难分伯仲。技术分析认为，短期市场价格的趋势较长期价格趋势更为重要，在短期价格波动中，依据技术分析图表和指标，逢高卖出、逢低买进可以赚取更大的利润。基本面分析认为，只有主要趋势确认后才可以开始入市，买入后长期持有，从外汇的长期变化中获利。总之，技术分析和基本面分析都有自己的优点和缺点。

基本面分析的长处是可通过各种外在因素的分析帮助投资者选择值得投资的货币，缺点是不能经常地高抛低吸，灵活运用资金以赚取更多利润。

技术分析是根据外汇交易市场汇率走势的过去表现，借助技术分析工具预测汇率的未来趋势并确定入市、出市策略的预测分析方法。它是以预测市场价格的未来变化趋势为目的，以市场行为（外汇市场价格和交易量）的图形、图表、形态、指标为手段，使用数学、统计学、价格学等理论对市场行为所进行的分析研究方法。

技术分析的长处是可以帮助外汇交易者准确地确定买卖的时间。因为投资成败的关键很大程度上取决于买卖时间。买入时间失误，持有优质的强势货币也会蒙受损失；相反，任何弱势货币也有上升时间，如果能及时把握，即使购入弱势货币也会获利。虽然技术分析方法的优点是十分明显的，在外汇交易中可以依赖，但其缺点也是非常显著的。首先，技术分析只是帮助交易者了解外汇汇率的趋势方向，而不是捕捉每一次波动的最高价和最低价，更不能够准确预测到市场每日波动的高低价位。因此，技术分析确定的出入货币信号往往和最高、最低价有距离，若不能随机应变，则很容易错失机会。其次，技术分析推测出来的走势变化，是假设了当时的客观形势没有改变，如果客观形势骤然急变时，预测自然便会出现偏差。因此，技术分析也应随着市场形势的改变而不断做出修订。最后，技术分析有时会有陷阱出现，给投资者带来困惑。例如，对于某一个指标，投资者 A 使用较长的时间参数，可能在某一次行情反弹中由于信号滞后而错失良机；投资者 B 使用快速指标可能会有小的失误，但在某一行情中可能会获得巨大的利润。因此，技术分析包含着投资者较为强烈的主观臆断。它作为一种方法因人而异，在有些情况下，可能会得出恰恰相反的结论，这也是技术分析经常面对的难题。但总的来说，技术分析对投资者帮助很大，是值得信赖的分析工具。

总而言之，这两种方法都是分析价格变动的趋势，其目的都是帮助投资者选择有利的投资机会，做出正确的投资决策。但两者的本质区别在于：基本面分析注重金融、经济理论和政治发展，从而判断供给和需求要素；技术分析则是分析外汇市场上价格波动的规律。基本面分析是研究汇价的长期或较长期的走势；技术分析则是分析汇价的短期波动。基本面分析侧重于向前看，即通过对各种因素未来的趋势分析，预测汇价未来的走势；技术分析是向后看的，即把汇价变动或市场交易的各种变动的历史数据记录下来，通过图表或各种公式，预测汇价未来的走势；基本面分析更适合较长期的投资行为；技术分析则更适合谋取价差收入的短期投机行为。基本面分析研究市场运动的原因；技术分析研究市场运行的效果。

通常认为，已熟练地掌握了基本面分析，如再能掌握技术分析，对外汇市场的操作会有好处。因为基本面分析的重点是判断某种货币的长期走势，是做定性分析的；与之相对应的技术分析的重点是判断以哪个价格买卖的，是做定量分析的。

实际上，在外汇市场上当有明显的利好消息时，大势不但没有上升，反而下跌；当出现利淡消息时，市场也不一定做出利淡反应。这是因为市场有本身的技术"原动力"。当大势上升了一段时间后，技术上需要回落调整时，好消息也发挥不了利好的作用；如果技术上应该上升时，利淡消息也是不会打击市场回落的。因此，技术性因素是影响市场波动变化的一项相当重要的因素，每一个投资者都不应该忽略。尽管仍有不少投资者对技术分析的方法持怀疑的态度，但在实际的市场操作中，有相当多的人正在通过技术分析从事外汇交易活动。在传统条件下，技术分析可以通过手工绘制图表和图形进行分析。目前，先进的外汇交易系统如路透社终端、美联社终端等都向交易者提供了准确的技术分析资料和技术分析环境。

2.6 本章小结

本章第一节介绍了外汇交易市场的基本特征、外汇交易市场的参与者、外汇交易的方式。外汇交易市场与股票市场、期货市场等其他金融市场相比，有其独特的特点。例如，24 小时循环交易、T + 0 的交易机制、较低的佣金、高投机性，这些特征降低了 20 世纪 70 年代的宏观汇率模型对短期汇率波动的解释能力。因此，短期汇率的预测能力也随之降低。这为第 3 章研究宏观汇率模型检验的失效及外汇市场的有效性埋下了伏笔。第二节分析了外汇市场的投资分析方式。外汇市场上投资者常用的两种投资方式是基本面分析和技术分析。基本面分析研究汇价变动的原因，技术分析探讨汇价波动的方向。投资者在使用这两种方式指导投资时，要特别注意一点，基本面分析善于分析外汇市场变动的长期趋势，而技术分析则善于探究外汇市场的短期波动，两者的侧重点不同。总而言之，这两种方式都是分析价格变动趋势的，其目的都是帮助投资者选择有利的投资机会，做出正确的投资决策。这一研究有利于投资者对整个外汇交易市场有一个宏观的把握，为本书的核心研究奠定基础。

第3章

宏观汇率模型失效与外汇市场的效率分析

自从货币汇率产生的那一刻开始，便吸引了大众的眼球，人们开始认真探讨汇率波动的内在规律，通过一些实践和理论的积累，开始慢慢形成很多有影响的汇率决定理论。若追溯历史，得回到15—16世纪的早期重商主义。随着时间的推移，1900年以后，黄金成为各国货币的衡量指标，汇率便走入由货币的铸币平价决定的时代，如此一来也简化了曾经复杂的汇率理论。此后，国际汇率制度的变化如雨后春笋，同时汇率理论也日趋庞大。购买力平价理论的提出具有划时代的意义，随之而来的是利率平价理论、资产选择理论、货币主义汇率理论、合理预期理论等许多拥有较大话语权的汇率决定理论。不同的理论所站的角度和研究方面各不相同，从而更加深入地探讨了汇率的内在机理和表现形式，丰富了对汇率行为的描述。在这些种类颇多的汇率决定理论中，国际借贷说、资产市场说及购买力平价说是最有代表性的三种[46]。

上述三种学说都能够解决一些实际金融问题，但是它们都存在先天性缺陷，使得每种理论的应用面较窄。主要原因有两点：一是在有效市场的前提下进行的相关研究；二是在研究的过程中主要研究宏观经济变量对汇率的影响，也就是研究生产总值、价格和利率这些宏观变量如何对汇率的决定及其波动过程产生影响。在对这些因素进行分析的过程中，形成了以商品贸易为主的流量模型和以资产交换为主的存量模型。然而，现实经济中却很难运用这些传统理论来预测国际金融市场汇率的走势。大量的实证检验结果表明，传统汇率理论的解释能力十分低下，尤其对短期内的汇率变化，预测能力甚至连简单的随机游走模型都不如。下面我们从实证检验的角度综述传统汇率模型检验的失效性。

3.1 传统汇率模型检验失效

3.1.1 货币模型的检验

Frankel（1976）[47]使用 20 世纪 20 年代德国恶性通货膨胀期间德国马克/美元的汇率数据检验弹性价格货币模型，检验结果表明，模型的实证检验非常成功。Bilson（1978）[48]和 Dornbusch（1979）[49]使用 20 世纪 70 年代早期的汇率数据对弹性价格货币模型进行检验，结果表明了模型的广泛适用性。但是，20 世纪 70 年代后期弹性价格货币模型不再能解释当时的汇率数据，也就是从那时起，宏观汇率模型实证的难题一直困扰着国际经济学领域。Frankel（1993b）[50]发现汇率模型的检验方程完全不适用，方程中出现了错误的系数符号，而且整个方程的汇率预测都是失败的。尤其是这一阶段德国马克/美元汇率检验方程的系数说明了德国货币供给的增加将导致德国马克升值，Frankel（1982a）[51]把这个现象称为德国马克增值的困惑。一些研究者认为这种实证的失败是由于经济计量方法的错误，也有人认为是当时经济中存在巨额的赤字或者盈余使汇率检验不能反映实际的汇率行为，因而造成了汇率模型实证检验的失败。

在对 20 世纪 70 年代后期的数据检验中，粘性价格货币模型的解释能力也很差。Driskell（1981）[52]和 Backus（1984）[53]使用同样的粘性价格货币模型检验方程进行实证研究，前者使用 1973—1977 年瑞士法郎兑美元的汇率数据，得到了较好的结果；而后者在使用 1971—1980 年美元兑加拿大元的汇率数据时，得到的结论却是模型几乎没有解释力。粘性价格货币模型的一个重要含义是两国间的真实汇率同两国间利差的变化是成比例的。然而，Meese 和 Rogoff（1988）[54]、Edison 和 Pauls（1993）等[55]进行的很多研究都没有发现真实汇率和真实利差之间的联系。在 20 世纪 70 年代后期发生的一系列货币模型检验的失败似乎同西方主要国家的汇率制度转变具有强烈的相关性，1973 年布雷顿森林体系完全解体后，从 1973 年到 20 世纪 70 年代末，西方主要工业国家经历了从固定汇率制度到完全浮动汇率制度的过渡阶段。汇率制度转变和实证检验之间的相关性可以很好地解释传统汇率模型在实证检验中从成功到失败的转换。20 世纪 70 年代早期，西方各主要国家还没有完全转换为浮动汇率制度，所以货币模型同当时的汇率数据比较吻合；而在 70 年代后期汇率制度经历了彻底转变后，货币模型再也不能有效解释浮动汇率制下的汇率行为了。

Baxter 和 Stockman（1989）[56]对第二次世界大战后 49 个国家的主要宏观经济指标的时间序列进行检验，发现浮动汇率制下的真实汇率波动性确有增加，但是两种汇率体制下的宏观经济指标数据没有系统性的差异。MacDonald 和 Taylor（1993）[57]对大量的汇率数据应用多元联合计量方法和动态模型方法进行检验，发现在长期内，货币模型的实证是成功的。这表明了汇率模型检验的一些新进展，但是使用这种新方法检验的真实性还需要进一步研究。Flood 和 Rose（1993）[58]观察到固定汇率制转换为浮动汇率制后，汇率波动性提高了，他们据此认为汇率模型中的基本因素变量也应该有更大的波动性。实际上，研究者使用货币模型对西方主要工业国家的汇率数据进行检验，结果没有发现基本因素变量波动性增加的证据。这些检验证据都表明了传统汇率模型中包含的汇率决定变量不能完全反映外汇市场中决定汇率的全部因素。宏观模型实证的失败导致了宏观因素和汇率决定之间的脱离，因此需要找到适当的媒介变量将两者连接起来，以更好地描述汇率变化。

3.1.2　资产组合平衡模型的检验

理论界对资产组合平衡模型的检验相对较少，一方面是因为很难将理论上的资产平衡模型同实际的汇率数据相契合，另一方面涉及方法论上的问题，如何将非货币资产包括在检验方程中及是否能得到非货币资产的数据等。Branson 等（1977）[59]将资产组合平衡模型用对数形式进行简化，同时利用外汇资产存量当前账户的集合数据，对 20 世纪 70 年代以来浮动汇率数据进行了实证检验，但是结果同样令人失望，因为估算系数通常不显著。

资产组合平衡模型假设国内和国外资产是不完全替代的，即在预期贬值、国内和国外的利差之间存在风险报酬。在资产组合平衡模型中风险报酬是国内和国外债券相对供求的方程。因此，检验资产组合平衡模型的一个间接方法是检验在选择两种债券进行投资的时候是否存在风险报酬。Frankel（1982b）[60]和 Rogoff（1984）[61]的结果都表明这种关系在统计上不显著。

3.1.3 近期的实证检验

Jin-Gil Jeong（2000）[62]以美元兑日元汇率为主要研究对象，以货币分析法与资产组合分析法探讨两国的宏观经济因素对两国汇率波动的影响。结论发现，宏观基本面因素对于汇率波动的影响在短期非常不明显。Goldberg 和 Frydman（2001）[63]认为，现有的宏观汇率模型对于某些月度或季度汇率波动不能给出很好的解释，在某些时间区间几乎没有任何解释力。此外，Bergin（2001）[64]以加拿大、澳大利亚和英国为样本对汇率动态模型进行的实证检验表明，在预测名义汇率和实际汇率时，动态汇率模型的预测误差仍大于随机过程。Cheung 和 Chinn（2002）[65]重新对利率平价模型、生产力模型、行为均衡汇率模型的预测能力进行评估，将粘性价格货币模型作为基准，对比了三种模型的预测性能。通过大量的实证检验，计算上述三种模型预测结果的均方误差。实证分析的检验结果显示，没有一种模型的性能优于随机游走模型。Schmidt（2005）[66]认为无论从现实的汇率变化还是从实证检验的结果来看，只考虑宏观基本面因素的传统汇率宏观结构模型无法对汇率的运动做出很好解释。

当根据传统宏观经济学的理论框架构建并得到不断发展的汇率理论陷入一种难以自圆其说的危机时，人们开始重新审视传统汇率模型的假设前提、分析视角及分析工具，尝试从不同方面进行突破和发展，以对现实经济中耐人寻味而又令人费解的汇率现象给出更为合理的解释。而作为汇率决定理论突破和发展的分析起点的，则是人们对汇率宏观结构模型中的一个重要假设前提——有效市场的质疑。

3.2 外汇市场的有效性理论

有效市场假说（Efficient Market Hypothesis）是汇率决定理论中的一个核心内容。随着外汇市场的开放和管制的不断放松，传统的汇率理论已不足以解释现代汇率的运动规律和波动特征，于是对汇率问题的研究重心开始转移，转向对市场效率的研究。外汇市场的效率研究对其他金融市场的发展、汇率预测、投资决策、国家外汇制度选择及政策制定都有重要意义。

3.2.1　基本模型的统计描述

外汇市场的有效性假说是指，在资本自由流动和没有交易成本的情况下，对一个有效的外汇市场而言，汇率必须充分反映所有相关和可能得到的信息，投资者不可能通过外汇买卖赚得超额利润。有效市场假说实际上包含两个核心的假设条件。

第一，投资者是理性预期的。不管投资者采用什么方法对未来汇率进行预测，投资者的主观预期与以一组包含所有可公开得到的信息为条件的下一个时期的数学期望值相同，即平均来说，市场是理性的。用公式表示为

$$s_{t+1} = s_{t+1}^{e} + u_{t+1} \tag{3.1}$$

式（3.1）中，s_{t+1} 为未来即期汇率，更确切地说，是 $t+1$ 时刻一种货币与另一种货币的即时交换比率；s_{t+1}^{e} 为预期的即期汇率，即投资者在目前 t 时刻预期的在 $t+1$ 时刻将支配市场的即期汇率。从式（3.1）可以看出，理性预期的均衡没有系统的预测误差，汇率变动是随机的，这种变动不可能从过去的汇率中进行预测，即未来即期汇率和预期的即期汇率之间只相差一个随机扰动项 u_{t+1}。

第二，投机者是风险中性的。如果他们厌恶风险或偏好风险，则投机资金的流动将在预期的即期汇率等于远期汇率实现之前就停止。用公式表示为

$$s_{t+1}^{e} = f_t \tag{3.2}$$

式（3.2）中，f_t 为 t 时刻的远期汇率，即在 t 时刻约定的一段时间以后（$t+1$ 时刻）进行货币交易的合同中使用的汇率。由于是理性预期，市场参与者不会犯系统错误，将式（3.2）代入式（3.1）后得

$$s_{t+1} = f_t + u_{t+1} \tag{3.3}$$

式（3.3）表明，未来即期汇率 s_{t+1} 应该等于远期汇率 f_t 加上随机扰动项 u_{t+1}。远期汇率应该是未来实际汇率的无偏估计，即平均来说，用远期汇率预测下一个时期的即期汇率是正确的。因此，风险中性条件下的市场有效性称为无偏性假设。

如果投资者是厌恶风险的，远期汇率就等于预期的即期汇率和风险补贴之和，即

$$f_t = p_t + s_{t+1}^{e} \tag{3.4}$$

式（3.4）中，p_t 为 t 时刻的风险补贴。假定风险补贴等于一个常数 a 加上随机扰动项 e_t。则将式（3.4）代入式（3.1），取 $p_t = a + e_t$，得

$$s_{t+1} = -a + f_t + (u_{t+1} - e_t) \qquad (3.5)$$

可以看出，在投资者厌恶风险时，远期汇率是未来即期汇率的噪声估计，式（3.5）是 Frankel 模型（1981）[67]。一般模型则表示为

$$s_{t+1} = a_0 + a_1 f_t + E_{t+1} \qquad (3.6)$$

式中 $E_{t+1} = u_{t+1} - e_t$，如果投资者是风险中性的，市场有效意味着 $a_0 = 0$，$a_1 = 1$，预测误差 E_{t+1} 是序列无关的，且和信息集是正交的，即 $E(E_{t+1} \mid I_t) = 0$。如果这些条件满足，则远期汇率就是未来即期汇率的优良指标。但如果投资者是厌恶风险的，则 a_0 显著不等于零，而和 f_t 相关的误差项将导致 a_1 是有偏的和不一致的估计。

如果市场是有效的，除了满足风险中性条件下的无偏性假设，还应满足正交性假设，即预测误差（未来即期汇率与远期汇率之差）不具有序列相关性。这是因为在一个有效的市场上，投资者无法利用预测误差来获取超额利润。因此，预测误差与其滞后项不相关，可建立回归模型[68]：

$$s_{t+1} - f_t = a_0 + a_i \sum_{i=1}^{\infty} (s_{t+1-i} - f_{t-i}) + u_{t+1} \qquad (3.7)$$

当有效性成立时，式（3.7）中的常数项和所有的其他滞后项系数都等于零，u_{t+1} 是白噪声。这实际上是对外汇市场弱式有效的检验，因为信息集里只包含汇率的过去价格水平。

3.2.2　外汇市场有效性检验

对外汇市场有效性的检验主要有两方面：一是即期市场的有效性；二是远期市场的有效性。在外汇交易中，无论是保值性交易还是套利性交易，都是基于远期汇率和即期汇率的预期值之差来进行交易。如果市场参与者预期即期汇率高于远期汇率，一般在远期市场买入远期外汇，到期通过冲抵头寸获利，这就是通常的先买后卖交易。反之，则先卖后买。这种以获取利差（或套期保值）的交易的必然结果是远期汇率与即期汇率的预期值趋于一致。

1. 即期外汇市场的有效性检验

对即期外汇市场的有效性检验是在浮动汇率制度下，研究汇率变动的随机性

问题。但是只有名义利差等于常数，且预期是理性的，即期汇率才服从随机游走。Levich（1985）[69]指出，如果预期的均衡收益率是常数，则有效性就意味着收益率是随机的。如果决定汇率的基本因素是序列相关的，则均衡汇率也是序列相关的，因此外汇市场的有效性不必一定意味着汇率服从随机游走。这从无抵补利率平价条件可以看出：在理性预期和风险中性的条件下，汇率的预期贬值率等于两种对应货币的利差，以致套利的预期利润为零。如果利差是变动的，则汇率并不服从随机游走，因此只有利差等于常数时，即期汇率变动才是随机过程。Cumby 和 Obstfeld（1981）[70]的分析比较合理，他们检验偏离无抵补利率平价的随机性，结果拒绝了汇率的随机游走。然而 Mussa（1984）[71]的研究表明，浮动汇率制下主要货币名义汇率服从随机游走。

对即期市场有效性的另一检验方法是检验筛选交易规则的利润性。这种方法是由美国学者 Alexanda 于 1964 年首次提出的，用于检验证券市场是否达到弱式有效。William Poole（1967）[72]将其用于检验外汇市场的效率。最简单的筛选原则是币值上升到最近的最低点 $x\%$ 以上买进，当币值下降到它的最高点 $x\%$ 以下时卖出。这实际上是一般金融资产交易中的追涨杀跌获利法。如果外汇市场有效且无抵补利率平价成立，依筛选法则交易策略的利息成本将为其所获取的利润抵消。换句话说，也就是通过上述操作不能够获得超过"简单的购买持有"策略的收益率，则市场是有效的；反之市场无效。Dooly 和 Shafer（1984）[73]在考虑了利息成本和交易成本条件下对 9 种汇率日数据进行了筛选检验，只有 1%、2% 和 3% 的筛选对所有的汇率来说，在样本期间能够获得超额利润。但 Levich 和 Tomas（1993）[74]研究指出，筛选法则的交易策略具有获利能力，但是事先并不知道适当的筛选大小，而筛选大小是风险的重要因素，事后可能出现较大的损失。其他学者用此方法所作的检验也并没有得出一致性的结论。

2. 远期外汇市场的有效性检验

检验远期市场最有效的方法是计算预测误差，考察它的均值误差是否显著不等于零，是否序列相关。Aliber 和 Levich 的实证分析表明，对于大多数货币，均值误差倾向于较小且在统计上是不显著的；此外，预测误差是序列无关的，市场参与者不可能用过去的预测误差较好地预测将来。因此，外汇市场似乎是有效的，至少满足弱式有效的条件。Copeland（1994）[75]认为，在预测未来即期汇率方面，远期汇率几乎是无用的，而起支配作用的是即期汇率在其形成时的发展趋势。

经济学家 Hansen 和 Hodrick (1980)[76]研究了加元/美元、德国马克/美元及瑞士法郎/美元的汇率，指出在浮动汇率制度下，其他外汇市场滞后的预测误差对这些汇率波动有很强的解释能力，因此市场有效性是不存在的，至少外汇市场半强有效的假设应被拒绝。总的来说，外汇市场的有效性程度远低于股票、债券等金融资产交易市场。

3.2.3　拒绝市场有效的其他解释

1. 理性预期下的解释

一些经济学家认为，在资产市场上市场主体的行为是接近理性的，一些学者从外汇市场的"理性投机泡沫"（Speculative Bubbles）、"比索问题"（Peso Problem）、"风险补贴"（Risk Premium）和"新闻模型"（News Model）等方面来解释检验外汇市场有效性的失败。

（1）理性投机泡沫模型。外汇市场的暴涨和暴跌现象已无法用超调理论和其他传统理论进行解释，因此一些学者试图用理性泡沫分析法来解释汇率连续偏离基本因素的现象。汇率泡沫可能出现在任何一个汇率结构的模型中，下面通过汇率决定的弹性价格的货币模型分析理性汇率泡沫。实际上，除了外汇市场，理性泡沫可以出现在其他任何一个金融资产市场上，理性泡沫是解释资产价格（如股票、汇率等）连续偏离基本因素决定的一种理论。

资产价格不仅是预期收益的函数，也是将来预期价格的函数，即

$$P_t = [E(D_{t+1} \mid I_t) + E(P_{t+1} \mid I_t)]/(1 + r) \tag{3.8}$$

式中，D_{t+1} 为 $t+1$ 期的收益；I_t 为 t 期的信息；P_{t+1} 为 $t+1$ 期资产的价格；r 为贴现率。假定投资者是理性预期，解上述方程得

$$P_t = \sum_{i=1}^{\infty} E(D_{t+1} \mid I_t)/(1 + r)^i + B_t \tag{3.9}$$

式中，B_t 为泡沫成分，持有某种资产有一定的超额回报。$B_t = E(D_{t+1} \mid I_t)/(1 + r)$，即期泡沫等于下期预期泡沫的贴现值。假定理性预期，且投资者是风险中性的，则

$$B_{t+1} = (1 + r)B_t + z_t \qquad (3.10)$$

式中，z_t 为随机误差项。如果每期泡沫有一个破灭的概率，投资者是厌恶风险的，则泡沫破灭的概率上升，资产价格偏离基本因素更远，泡沫增长将上升。在这种情况下，每一期的预期收益率比前期将上升更高以弥补投资者持有该种资产的风险。

（2）从"比索问题"进行的解释。Krasker（1980）[77]指出，决定汇率潜在变量的较大变化是一个小的概率，在无限时间的跨度内，该事件发生的可能性较大，但在一定限度的样本期间内，该事件可能根本不会发生，这个小概率的重大事件在检验有限的样本期间内可能反映不出来。这个小概率重大事件的潜在发生对市场参与者的行为和预期有着重要影响，因此标准的计量检验远期外汇市场的有效性是无效的，这就是所谓的"比索问题"。在 1976 年比索贬值以前，比索和美元汇率之间一直有一个非零的远期升水，市场参与者预期比索有大幅贬值的可能性而提前做出反应。在这种情况下对外汇市场进行检验是不适宜的，因为样本分布可能不近似于正态分布。

汇率泡沫和"比索问题"提供了在浮动汇率制下汇率波动大幅偏离宏观基本因素的解释，指出了可能由于汇率泡沫和"比索问题"而导致外汇市场有效性的标准检验不甚理想，但即使考虑这些因素，也并不能得出外汇市场一定是有效的。

（3）从"风险贴补"进行的解释。如果假定理性预期，放松风险中性的条件，在远期汇率和预期将来即期汇率之间有一个风险补贴，$f_t = s_{t+1}^e + p_t$，f_t 是远期汇率，s_{t+1}^e 是预期将来的即期汇率。该方程指出由于风险补贴，远期汇率是预期将来的即期汇率的有偏估计。简单的风险补贴模型假定风险补贴等于一个常数加上白噪声，更加复杂的模型考虑到随时间变动的风险补贴。如果假定理性预期，则可验证风险补贴。

风险补贴是对汇率偏离利率平价的一种解释，其关键问题在于风险补贴是否存在，风险补贴是否是变动的。如果风险补贴存在，汇率偏离基本因素可能是由于风险补贴的缘故，实际上关于这一点实证检验并没有得出完全一致的结论。

（4）汇率决定的新闻模型。理性预期假说的一个重要含义即非预期的事件或新闻会导致资产价格——汇率的变动。例如，尽管严格的有效市场的假说需要远期汇率是将来即期汇率的无偏估计，如果将来有更多新的信息进入市场，远期汇率就不一定能很好地估计将来的即期汇率，因此对时间 $t+k$ 的汇率预测而导致的错误可以认为是 $t+1$ 至 $t+k$ 期间新的信息出现所致。如果这些信息是少的和不重要的，很显然有效市场假说预测 s_{t+k} 接近于 f_t，如果出现了大量新的信息，样本预测错误的方差可能很大。毫无疑问，在浮动汇率制度下，有大量非预期的信息出现，如货币供给、经常账户和收入的变动等，另外还会出现大量的非经济因素，如政治消息等。Eichenbaum 和 Evans（1993）[78] 发现，信息对汇率的效果是显著的，指出了基本因素在解释汇率时的重要性。而另一些研究者发现信息对汇率的效果有一定的时滞。新闻方法的优点是它能够检验潜在的基本因素对汇率的影响。新闻模型表明外汇市场参与者通过信息的不断增加来修正自己的预期，说明在现代外汇市场上汇率的变动在很大程度上是不断修正的结果。

2. 非理性预期下的解释

拒绝市场有效性的一种解释是非理性预期，即市场参与者是非理性的。Peters（1996）[79] 认为，既然市场参与者并不是理性的，他们对信息的反应也不是线性的，那么 EMH 也就失去了存在的理由和基础。他提出用噪声水平作为度量市场效率的标准，噪声越大，市场效率越低。他通过 R/S 分析法计算出赫斯特指数用以衡量市场噪声水平，并据此比较市场的效率。利用这个方法，Peters 比较了 1973—1990 年世界各主要货币国家的外汇市场效率水平。

3.3　有效性理论在外汇市场运用中的问题

Kohihagen 和 Levich 认为，即使股票、长期债券和商品市场可以达到有效的状态，但效率理论也很难适用于外汇市场。因为资本市场的价格是市场个体行为造成的，而外汇市场上有中央银行的干预。和套利者、投机者的行为相比，中央银行的干预对汇率变动和外汇市场的有效性有决定性的影响，特别是当中央银行的干预没有被市场参与者所预期时，干预的效果更强[80]。

另外，从资产市场的角度来检验汇率波动的效率被证明是很困难的，主要的问题是外汇市场上没有一个被广泛接受的可用于描述汇率波动的指标。许多文献表明，远期汇率对未来的即期汇率的预测是有偏的。这意味着汇率波动是无效的，并且从资产市场角度来说，存在一个未被识别的风险升水在影响汇率的波动[81]。

3.4　外汇市场短期波动的行为金融学解释

在信息时代，人们在金融市场上的行为在很大程度上受人们心理因素的影响，受人们所掌握信息的不对称的影响，故而才会出现外汇市场上汇率变动的无序现象。行为金融学认为，在外汇市场上，因受每个人的主管评价影响而变动的外汇供求会自动趋于平衡。

外汇市场的短期波动，可以是一天，也可以是一个小时的时间范围内的波动。在外汇交易市场上，外汇价格每天的波动幅度在 0.5%～1%，用外汇市场的术语来说就是 50～100 个基点，波动幅度大时可达到 5% 以上（即 500 个基点以上）。外汇价格经常性的大起大落说明了外汇市场的两大特征：第一，风险巨大；第二，在外汇市场上投资者存在获得巨额利润的可能性。对外汇市场经常出现的短期剧烈波动，行为金融学上称之为对信息的过分反应。对于外汇市场的过分反应，目前行为金融学的解释有以下三个基本观点。

第一，外汇市场不是一个有效率的市场，即价格的波动不能充分反映市场在一定时期内出现的全部信息，因此导致外汇的实际价格经常会过分地偏离均衡价格。探讨外汇市场是否是一个有效率的市场十分重要。

首先，宏观经济模型应该包括所有影响这一模型的变量，并相信这些变量的总和会决定这一模型的结果。这一原则同样适用于外汇市场的均衡模型。外汇市场的短期剧烈波动可能是由于市场参与者主观地排斥某些消息，片面地接受或过分地接受某些信息，使外汇价格过分扭曲；也可能是某些影响外汇波动的信息掩盖了其他一些同样重要的信息，造成外汇市场价格的大起大落。

其次，如果外汇市场不是一个有效率的市场，就会导致一些纠偏的行为在市场上出现，如以谋利为动机的投机者介入市场、政府干预等。这些纠偏的行为有时会使实际价格与均衡价格趋于一致，有时却会进一步加剧市场的价格波动。

最后，外汇市场是否是一个有效率的市场，直接关系到外汇交易的投资决策，成为投资者考虑是否进行投资的重要因素。从外汇市场的实际波动来看，外汇市场在长期内可能是一个有效的市场，但在短期内却无法证明。目前，对外汇市场每天波动影响最大的就是新闻，包括经济和政治两大类。此外，市场投资者的意愿和心理因素，又常常使这些新闻对外汇市场的影响被进一步放大。

第二，外汇的即期价格与外汇的长期均衡价格会发生偏离。人们经常在报纸上读到，某种货币的"汇率目前被高估"或者是某种货币"目前的汇率已远远低于它的合理价格"，其所指的就是这种偏离现象。一般情况下，外汇价格是由外汇交易市场供求所决定的，由于外汇市场预期波动这一因素的存在，各大外汇银行每天报出的外汇牌价，在报出即期价格的同时，往往还会有一个远期价格，至少在外汇的期货市场里可以找到外汇的期货价格。外汇的期货价格从理论上来说应更接近于外汇的长期均衡价格。外汇的即期价格过分地偏离外汇的长期均衡价格可能是即期价格太低或太高，也可能是长期的均衡价格被估计得太低或太高。从外汇市场运行本身来看，在投机性资本不充足时（在市场上交易很少），或在投机性资本过多的时候（市场交易过热），即期价格与它的长期均衡价格不一致是正常的现象。

第三，外汇的短期价格波动幅度总是会超过它长期的均衡价格波动幅度。所有影响外汇汇率的因素都会对外汇汇率的走势产生作用，但这些因素的作用在时间上和空间上会有差别，也就是作用的方向可能不一致，造成短期均衡价格偏离长期均衡价格。对于外汇的短期价格波动幅度偏离长期均衡价格波动幅度的现象，目前经济学界流行的一种解释是：当政府扩大货币供应量或降低利率时，导致实际的货币供应量增加，外汇市场则迅速作出反应，本国货币的汇价大幅度下跌，使外汇的短期均衡价过分地低于长期均衡价。而当物价在完全消化货币供应量增长因素时会上升，实际的货币供应量会有所下降，外汇的短期均衡价也会逐渐与长期均衡价趋于一致。

3.5 本章小结

传统的汇率决定理论主要从宏观基本因素来解释汇率的决定和波动。在对宏观基本因素进行分析的过程中，形成了以商品贸易为主的流量模型和以资产交换为主的存量模型，前者如早期的购买力平价说、汇率决定的国际收支说，后者如20世纪70年代中期兴起的资产市场分析法，包括弹性价格货币模型、粘性价格货币模型、货币替代模型和资产组合平衡模型等。然而现实经济中，却很难运用这些传统理论来预测国际金融市场汇率的走势。大量的实证检验结果表明，传统汇率理论无法解释短期汇率的过度波动，预测能力甚至连简单的随机游走模型都不如，无法解释实证研究中汇率波动与基本面无关的难题。宏观模型检验的失效使人们对外汇市场的有效性产生怀疑。基于此，本章第二节描述了外汇市场有效性的基本统计模型，并对即期外汇市场和远期外汇市场有效性分别进行检验，随后从理性预期和非理性预期两个角度阐述了拒绝外汇市场有效性的其他解释；紧接着指出了有效性理论在外汇市场运用中存在的问题；最后从行为金融学的角度解释了汇率短期波动的原因。本章内容为后续研究外汇市场复杂技术形态的信息含量提供了理论依据，并成为第 5 章和第 6 章构建高频外汇交易策略的前提条件。

第 4 章

外汇市场复杂技术形态的信息含量研究

4.1　背景

　　技术分析与基本面分析是金融市场中最重要的两种投资分析方式，在投资活动中得到了广泛应用。其中，技术分析在实践中不断发展壮大，形成了重要的投资分析流派，在金融市场上逐渐获得重视。然而，一直以来，金融学界更青睐基本面分析而较少理会技术分析，主要原因在于技术分析，特别是代表其核心思想的复杂形态技术分析（Pattern Analysis）难以使用算法进行复制，而对基于这些复杂技术形态的交易策略能否获利的检验也是评价技术分析有效性不可或缺的部分。

　　研究复杂技术形态的最大困难在于如何定义各种几何形态，并以适当的方法从汇价序列中识别这些通常由投资者主观判断的非线性价格形态。随着计算机技术的发展和各种先进统计计量工具的引入，对复杂技术形态进行较为客观、准确的识别和检验已成为可能。基于各种几何形态的自身特点，Levy（1971）[82]首先提出使用价格序列中高低相间的五个相邻局部极值点来定义特定技术形态。但是，其对局部极值点的判断存在主观性，因为真实的价格形成过程是一个复杂的随机系统，投资者观测到的一些价格变化可能是随机扰动的噪声，这将在很大程度上干扰投资者对真实局部极值点的判断，进而加大投资者识别这些复杂技术形态的主观性。因此，如何从噪声数据中客观地提取复杂的非线性价格形态成为检验技术形态信息含量的关键。

尽管 Chang 和 Osler[83] 提出通过限定价格的极大值（极小值）点至少高于（低于）前一个极小值（极大值）点 $x\%$ 的方法，将原始价格数据进行平滑滤波处理得到一些峰谷相间的锯齿形价格极值点序列，但是这种简单的滤波处理可能会导致另一个危害，即在过滤噪声的同时也丢失了原始价格数据中的有用信息。Lo 等[84] 在 The Journal of Finance 发表的关于技术分析的开创性研究标志着技术分析成为金融学界关注的目标。在文章中，作者创造性地运用一种非参数统计方法——核回归平滑估计，通过对几何形态的系统化自动识别，实现了对技术分析中形态分析的复制，从而架起了技术分析（以人眼对形态的主观识别为主）与金融学经验研究（以统计学的定量分析为主）之间的桥梁。该文首先使用核回归方法对股价序列进行滤波去掉噪声的干扰，提取价格序列当中基本的非线性趋势。其次，从滤波后的价格核回归估计值当中判断局部极值点，进而使用"五点法"来识别技术形态的存在。这种通过非参数核回归识别技术形态的优点是可以消除原始价格序列中由于噪声所导致的"伪"局部极值点，可在很大程度上减少虚假交易信号的产生。更为重要的是，由于不需要对真实价格过程中的函数形式和分布特征作任何假设，可最大限度地保留真实价格过程中的动态特征和局部信息，进而提高识别技术形态的准确性。最后，运用上述方法，对美国 1962—1996 年的大量股票数据进行了实证研究，发现基于技术形态的条件日收益率在统计分布上显著异于非条件日收益率，表明确实存在一些技术形态可以提供有统计意义的额外信息。随后，Dawson 和 Steeley（2003）将 Lo 等提出的方法应用于英国伦敦股票市场，同样发现基于各种技术形态的条件日收益率与非条件日收益率的统计分布特征具有显著差异，进而表明技术形态可用于预测。欧阳红兵和王小卒（2004）[85] 基于停时理论提出了技术分析研究中非参数回归和模式识别的一种改进算法，并在此基础上研究了 10 种形态技术交易规则的预测能力，采用香港股票市场数据，发现多数技术交易规则形态对未来价格走向有预测能力。Savin 等（2007）[86] 将 Lo 等的方法应用于 1990—1999 年美国股市的 S&P 和 Russel2000 股票数据，以识别头肩形态的存在，并进一步考察了基于头肩形所构造的不同持有期限的交易策略超额收益问题。Wang 等（2010）[87] 将 Lo 等提出的方法应用于中国股票市场，同样发现基于各种技术形态的条件收益率与非条件日收益率的统计分布特征具有显著差异，进而表明技术形态可用于预测。除 Lo 等所引入的非参数核回归技术外，学者们还提出了其他方法来识别股价的复杂技术形态，如 Wang 和 Chan 等（2008）[88] 提出的模板匹配（Template Matching）技术，及 Adderson 和 Faff 等（2008）[89] 提出的"点数"（Point and Figure）模式识别方法。对这些复杂技术形态的深入研究将有助于人们理解金融时间序列当中某些特殊的随机现象。

外汇市场独有的特征使得技术分析运用于该市场比其他金融市场更加有效。目前，外汇市场上技术分析有效性的研究主要以简单技术交易规则为主，代表文献中尚未发现有关复杂技术形态的模式识别及信息含量研究[90-95]。因此，本章将应用 Lo 等提出的技术形态识别方法，对外汇市场上常见的复杂技术形态进行识别研究，检验外汇市场中技术形态的信息含量。

技术形态定义的环节上，本书在 Lo 等的基础上对其进行了一定的扩展与改进。Lo 等所提出的研究复杂形态技术分析方法最大的突破创新与优势在于其能够准确地复制非线性几何图形，实现对价格不同层级运动趋势的提取。技术形态分析中所使用的图形，通常是比较复杂的非线性几何形态。如果基于复杂形态的条件日收益率在统计分布上显著异于非条件日收益率，就说明这些复杂的技术形态是有意义的，可以提供更多的信息含量；反之，说明采用复杂技术形态并没有挖掘出汇价运动的规律。但是，就 Lo 等原文中的一些处理方法而言，还存在进一步改进的可能。对 Lo 等的改进主要体现在：根据市场上形态形成的真实状态，改进技术形态的定义。通过对技术形态定义模型方面的改进，使技术形态的研究范围更为广泛，也使技术形态的刻画也更为接近实际应用的准则。分析技术形态的信息含量时，除比较不同复杂程度的技术形态产生的条件收益率的均值与方差之外，还对所研究形态的条件收益率的均值及方差相对于非条件收益率的统计显著性进行了检验。概括起来说，对 Lo 等原有方法的改进，一方面使其能够更好地复制传统的技术形态分析，另一方面使证明技术分析有效性的证据更为直接和有说服力，并具有一定的实际操作性。

4.2　复杂技术形态的定义

假设已从价格序列当中识别出 n 个局部极值点 E_1，E_2，$\cdots$，E_n，t_1^*，t_2^*，$\cdots$，t_n^* 为这些极值点发生的时刻。根据局部极值点的定义，序列一定是极大值和极小值点相间的序列。依据技术图形的几何形态特征，可采用五点法定义复杂技术图形。Lo 等定义了 5 对技术形态，分别为头肩顶（HS）与头肩底（IHS）、三重顶（BTOP）与三重底（BBOT）、三角顶（TTOP）与三角底（TBOT）、矩形顶（RTOP）与矩形底（RBOT）、双头（DTOP）与双底（DBOT）。

图 4-1 给出了"头肩顶"形态的一个示意图，该图形包含历史价格中三个相邻的局部极大值点 E_1、E_3、E_5，且中间的极大值点 E_3（称为"头"）均高于左右两个极大值点 E_1 和 E_5（称为"肩"）。由于价格序列当中的局部极值点一定是高低相间的，因此 E_2 和 E_4 为局部极小值点。头肩形态可由满足一定条件的五个相邻局部极值点组成。根据实务界对头肩形态的定义，左肩（E_1）和右肩（E_5）及颈线的价格水平不能相差太大。因此，与 Lo 等相同，分别将 E_1 和 E_5 及 E_2 和 E_4 的差异限定在其均值的 1.5% 以内。"头肩底"也可进行类似定义，但第一个极值点为极小值点。其他复杂技术形态也可根据其几何图形的特征以类似的相邻极值点进行定义，但满足的条件不同。

需要指出的是，Lo 等对技术形态的定义存在一些与实际应用不符合之处，主要体现在形态的定义中没有包括"突破"的概念。在技术分析手册［Murphy（1986）[96]；黄柏中（2004）[97]］有关技术形态的说明中，头肩顶（HS）和头肩底（IHS），三角顶（TTOP）与三角底（TBOT），矩形顶（RTOP）与矩形底（RBOT），这三对技术形态都是以"突破"作为形态完成的标志，即汇价向上突破压力线或向下突破支撑线。因此，研究包含"突破"的技术形态是必不可少的。图 4-2 给出了含"突破"的三角顶图形的一个示意图，E_1，E_2，…，E_5 为 5 个连续的局部极值点，L_d 为支撑线。本节按照"突破"的概念对上述三对技术形态的定义做了修改，一共研究了 10 种技术形态，具体定义如下。

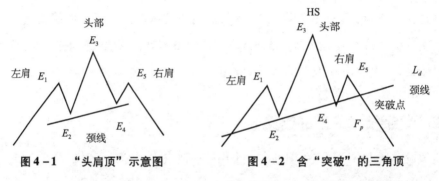

图 4-1　"头肩顶"示意图　　图 4-2　含"突破"的三角顶

定义 1（含"突破"的头肩形态）：含"突破"的头肩顶（HS）和头肩底

（IHS）分别由 5 个连续的局部极值点 E_1，E_2，$\cdots$，E_5，颈线 L_d，L_u 和形态最终价格 F_p 来定义。

$$HS \equiv \begin{cases} E_1 \text{ 为极大值点} \\ E_3 > E_1, E_3 > E_5 \\ \max_i |E_i - \overline{E}| \leq 1.5\% \cdot \overline{E}, \text{其中}, i = 1,5, \overline{E} = (E_1 + E_5)/2 \\ \max_i |E_i - \overline{E}| \leq 1.5\% \cdot \overline{E}, \text{其中}, i = 2,4, \overline{E} = (E_2 + E_4)/2 \\ L_d \text{ 定义为 } E_2 \text{ 和 } E_4 \text{ 较低点的一条水平线}, L_d = \min(E_2, E_4) \\ F_p < L_d/1.01, \text{且 } E_5 \text{ 和 } F_p \text{ 之间既没有局部极值点也没有"突破"点} \end{cases}$$

$$(4.1)$$

$$IHS \equiv \begin{cases} E_1 \text{ 为极小值点} \\ E_3 < E_1, E_3 < E_5 \\ \max_i |E_i - \overline{E}| \leq 1.5\% \cdot \overline{E}, \text{其中}, i = 1,5, \overline{E} = (E_1 + E_5)/2 \\ \max_i |E_i - \overline{E}| \leq 1.5\% \cdot \overline{E}, \text{其中}, i = 2,4, \overline{E} = (E_2 + E_4)/2 \\ L_u \text{ 定义为 } E_2 \text{ 和 } E_4 \text{ 较高点的一条水平线}, L_u = \max(E_2, E_4) \\ F_p > L_u * 1.01, \text{且 } E_5 \text{ 和 } F_p \text{ 之间既没有局部极值点也没有"突破"点} \end{cases}$$

$$(4.2)$$

定义 2（三重形态）：三重顶（BTOP）和三重底（BBOT）分别由 5 个连续的局部极值点 E_1，E_2，$\cdots$，E_5 来定义。

$$BTOP \equiv \begin{cases} E_1 \text{ 为极大值点} \\ E_1 < E_3 < E_5 \\ E_2 > E_4 \end{cases}$$

$$(4.3)$$

$$BBOT \equiv \begin{cases} E_1 \text{ 为极小值点} \\ E_1 > E_3 > E_5 \\ E_2 < E_4 \end{cases}$$

$$(4.4)$$

定义 3（含"突破"的三角形态）：含"突破"的三角顶（TTOP）和三角底（TBOT）分别由 5 个连续的局部极值点 E_1，E_2，$\cdots$，E_5，支撑线 L_d，压力线 L_u 和形态最终价格 F_p 来定义。

$$\text{TTOP} = \begin{cases} E_1 \text{ 为极大值点} \\ E_1 > E_3 > E_5 \\ E_2 < E_4 \\ L_d \text{ 定义为穿过 } E_2 \text{ 和 } E_4 \text{ 的向上倾斜的支撑线} \\ t_p^* \text{ 为发生"突破"的时刻点} \\ L_d(t_p^*) = E_2 + \dfrac{E_4 - E_2}{t_4^* - t_2^*}(t_p^* - t_2^*) \\ F_p < L_d(t_p^*)/1.01, \text{且 } E_5 \text{ 和 } F_p \text{ 之间既没有局部极值点也没有"突破"点} \end{cases}$$

$$(4.5)$$

$$\text{TBOT} = \begin{cases} E_1 \text{ 为极小值点} \\ E_1 < E_3 < E_5 \\ E_2 > E_4 \\ L_u \text{ 定义为穿过 } E_2 \text{ 和 } E_4 \text{ 的向下倾斜的压力线} \\ t_p^* \text{ 为发生"突破"的时刻点} \\ L_u(t_p^*) = E_2 + \dfrac{E_4 - E_2}{t_4^* - t_2^*}(t_p^* - t_2^*) \\ F_p < L_u(t_p^*) * 1.01, \text{且 } E_5 \text{ 和 } F_p \text{ 之间既没有局部极值点也没有"突破"点} \end{cases}$$

$$(4.6)$$

定义4（含"突破"的矩形形态）：含"突破"的矩形顶（RTOP）和矩形底（RBOT）分别由5个连续的局部极值点 E_1，E_2，$\cdots$，E_5，支撑线 L_d，压力线 L_u 和形态最终价格 F_p 来定义。

$$\text{RTOP} = \begin{cases} E_1 \text{ 为极大值点} \\ \max_i |E_i - \overline{E}| \leqslant 0.75\% \cdot \overline{E}, \text{其中}, i = 1,3,5, \overline{E} = (E_1 + E_3 + E_5)/3 \\ \max_i |E_i - \overline{E}| \leqslant 0.75\% \cdot \overline{E}, \text{其中}, i = 2,4, \overline{E} = (E_2 + E_4)/2 \\ \min(E_1, E_3, E_5) > \max(E_2, E_4) \\ L_d \text{ 定义为 } E_2 \text{ 和 } E_4 \text{ 较低点的一条水平线}, L_d = \min(E_2, E_4) \\ F_p < L_d/1.01, \text{且 } E_5 \text{ 和 } F_p \text{ 之间既没有局部极值点也没有"突破"点} \end{cases}$$

$$(4.7)$$

$$\text{RBOT} \equiv \begin{cases} E_1 \text{ 为极小值点} \\ \max_i |E_i - \overline{E}| \leqslant 0.75\% \cdot \overline{E}, \text{其中}, i = 1,3,5, \overline{E} = (E_1 + E_3 + E_5)/3 \\ \max_i |E_i - \overline{E}| \leqslant 0.75\% \cdot \overline{E}, \text{其中}, i = 2,4, \overline{E} = (E_2 + E_4)/2 \\ \max(E_1, E_3, E_5) < \min(E_2, E_4) \\ L_u \text{ 定义为 } E_2 \text{ 和 } E_4 \text{ 较高点的一条水平线}, L_u = \max(E_2, E_4) \\ F_p < L_u * 1.01, \text{且 } E_5 \text{ 和 } F_p \text{ 之间既没有局部极值点也没有"突破"点} \end{cases}$$

$$(4.8)$$

定义 5（双头和双底）：双头（DTOP）和双头（DBOT）分别由一个初始局部极值点 E_1 和随后的两个局部极值点 E_u 和 E_v 定义。

$$E_u \equiv \sup\{P_{t_{k^*}} : t_k^* > t_1^*, k = 2, \cdots, n\},$$
$$E_v \equiv \inf\{P_{t_{k^*}} : t_k^* > t_1^*, k = 2, \cdots, n\}$$

$$(4.9)$$

并且，

$$\text{DTOP} \equiv \begin{cases} E_1 \text{ 为极大值点} \\ |E_i - \overline{E}| < 1.5\% \cdot \overline{E}, \text{其中}, i = 1, u, \overline{E} = (E_1 + E_u)/2 \\ t_u^* - t_1^* > 22 \end{cases} \quad (4.10)$$

$$\text{DBOT} \equiv \begin{cases} E_1 \text{ 为极小值点} \\ |E_i - \overline{E}| < 1.5\% \cdot \overline{E}, \text{其中}, i = 1, v, \overline{E} = (E_1 + E_v)/2 \\ t_v^* - t_1^* > 22 \end{cases} \quad (4.11)$$

4.3　非参数核回归方法

4.3.1　平滑估计

识别技术图形的关键是如何从噪声数据中提取复杂的非线性价格形态。为了定量地寻找这种规律性，假定价格序列 $\{p_t\}$ 满足下式：

$$P_t = m(X_t) + \varepsilon_t, \quad t = 1, \cdots, T \quad (4.12)$$

式中，$m(X_t)$ 为状态变量 X_t 的未知非线性函数；$\{\varepsilon_t\}$ 为白噪声序列。考虑到

$\{p_t\}$ 是时间序列，$m(X_t)$ 应为时间 t 的一个函数，因此设定状态变量 $X_t = t$。事实上，非线性函数可视为去掉噪声后的光滑价格序列，其估计值将用以识别价格序列中的局部极值点。通常，采用滤波技术通过对数据的局部平均来去掉噪声的干扰，以估计价格序列当中基本的非线性关系 $m(X_t)$。由于非线性函数 $m(X_t)$ 的具体形式未知，不能通过传统计量经济学的参数方法对其进行估计。因此，本书将采用非参数计量方法来估计 $m(X_t)$，其最大的优势在于不需要对 $m(X_t)$ 的函数形式作任何假设，同时也不需要对随机扰动项 ε_t 作任何统计分布上的假设，以此得到的估计量 $\hat{m}(X_t)$ 将更加接近真实的价格形成过程。

用来估计类似于式（4.12）的非线性关系最常用的方法是平滑，下面分析平滑是如何揭示式（4.12）中函数 $m(\cdot)$ 的非线性关系。假定可以对价格进行独立观测，设在某个特定的时点 t_0，取得价格 p_{t_0} 的 n 个观测值分别为：$p_{t_0}^1 = p_1$，$p_{t_0}^2 = p_2$，$\cdots$，$p_{t_0}^n = p_n$。从而，在 $X_{t_0}(= x_0)$ 点，函数 $m(\cdot)$ 的估计量可能表示成：

$$
\begin{aligned}
\hat{m}(x) &= \frac{1}{n} \sum_{i=1}^{n} p_i = \frac{1}{n} \sum_{i=1}^{n} \left[m(x_0) + \varepsilon_t^i \right] \\
&= m(x_0) + \frac{1}{n} \sum_{i=1}^{n} \varepsilon_t^i
\end{aligned}
\tag{4.13}
$$

按照大数法则，对于足够大的 n，式（4.13）右边的第二项是扰动项，其平均趋向于零，从而可以忽略不计。

在实际中，$\{p_t\}$ 是一个时间序列，对于给定的 X_t，不可能取得重复的观测值。但是，如果假定函数 $m(\cdot)$ 足够平滑，那么对于时间序列在 x_0 附近的观测值 X_t，p_t 的相应值将十分接近 $m(x_0)$。换句话说，如果 $m(\cdot)$ 足够平滑，在 x_0 附近的一个小区间内，$m(x_0)$ 将十分接近于一个常数，从而，对应于 X_t 接近于 x_0，可以通过 p_t 的平均值来估计。X_t 越接近于 x_0，相应的 p_t 均值就越接近于 $m(x_0)$。这表明对于 p_t 的加权平均，其中权数随 X_t 远离 x_0 而递减。这种加权平均或局部平均的方法正是平滑的关键所在。

正式的，对任意状态 $X_t = x$，非线性函数 $m(x)$ 的平滑估计量可定义如下：

$$
\hat{m}(x) = \frac{1}{T} \sum_{t=1}^{T} \omega_t(x) p_t
\tag{4.14}
$$

式中，$\{p_t\}$ 对应的权数函数 $\{\omega_t(x)\}$ 随 X_t 离 x 的距离增大而减小。一般而言，须事先选定一个权函数（Weighting Function）用于平滑估计。

4.3.2　非参数核回归

在参数回归分析中,一般是线性的或可化为线性的形式,其中包含若干未知参数。对随机误差的分布，则往往假定为正态的。但在不少情况下，关于参数模型的基本假定与实际情况有较大的差距，这种情况促进了回归分析和判别分析中的非参数方法的发展，其特点是对模型的要求很松：回归函数的形式可以任意，随机误差也不必服从正态分布，对作为判别依据的那些指标，其分布也无须假定有任何特殊的形式，从而使非参数回归得到了很大的发展。

核回归估计，也称为概率密度估计，是非参数估计的一种常用方法，其权重函数 $\omega_t(x)$ 由一个满足下式的概率密度函数 $K(x)$ 来构造。

$$K(x) \geq 0, \quad \int K(u)\,du = 1 \tag{4.15}$$

$K(x)$ 也称为核函数。通过重新度量核参数 $h(h > 0)$，可以改变核函数的分布。例如，让

$$K_h(u) = \frac{1}{h} \cdot k\left(\frac{u}{h}\right), \quad \text{有} \int K_h(u)\,du = 1 \tag{4.16}$$

从而 $K_h(u)$ 表示的也是一个核函数。

与 Lo 等相同，使用高斯概率密度函数来构造权函数。这种选择概率密度函数来构造权函数的滤波方法又被称作"核回归"，$K_h(x)$ 也通常被称为"核"（Kernel）。于是，式（4.14）可写为

$$\hat{m}(x) = \frac{1}{T}\sum_{t=1}^{T}\omega_t(x)p_t = \frac{\displaystyle\sum_{t=1}^{T}K_h(x - X_t)p_t}{\displaystyle\sum_{t=1}^{T}K_h(x - X_t)} \tag{4.17}$$

式中，$K_h(x) = \dfrac{1}{h\sqrt{2\pi}}\,e^{-\frac{x^2}{2h^2}}$。此处，参数 h 被称为光滑参数或带宽（bandwidth），类似于概率密度函数中的标准差，h 反映 X_t 的取值范围。对高斯核而言，X_t 的取值范围应在区间 $[x - 3h, x + 3h]$ 之内，而落在该区间之外的 X_t 所对应的 p_t 权重接近于 0。

本书中，状态变量 X_t 取以交易日为间隔的时间序号 t，$t = 1, 2, \cdots, T$。对

于价格数据窗口 $\{P_1, P_2, \cdots, P_T\}$，每个时刻点上的平滑估计量 $\hat{m}_h(\tau)$：

$$\hat{m}_h(\tau) = \frac{1}{T}\sum_{t=1}^{T}\omega_{t,h}(\tau)P_t = \frac{\sum_{t=1}^{T}K_h(\tau-t)P_t}{\sum_{t=1}^{T}K_h(\tau-t)}, \quad \tau = 1,2,\cdots,T \quad (4.18)$$

应用中，让宽度为 T 的平滑窗口进行移动，每次向后移动一个交易日，对每一移动窗口都进行核回归平滑估计及技术形态识别。

平滑估计量是汇价变化中的系统变化成分，借助平滑估计量可以提取出汇价变化中的主要趋势，而不考虑短期的波动成分。这种估计方法的原理很接近于人眼判别汇价走势图的原理，只不过人是根据视觉判断的模糊性来提取这种趋势，而核回归平滑估计是通过精确定量的方式来完成同样的任务。

4.3.3 带宽参数选择

选择合适的带宽 h 是核回归的关键。较小的 h 会使得 $\hat{m}_h(\cdot)$ 不太平滑，过于波动，既可能反映汇价的实际变动又可能是噪声所致；而较大的 h 会使 $\hat{m}_h(\cdot)$ 过于平滑，不能呈现汇价序列中实际的局部非线性特征。带宽的选择必须在两者之间进行权衡，通常采用交叉核实法（Cross-Validation，CV）来确定最优带宽[98]，核实函数为

$$CV(h) = \frac{1}{T}\sum_{t=1}^{T}\left[P_t - \hat{m}_{h,t}(x)\right]^2 \quad (4.19)$$

式中，T 为用于交叉核实的样本数；$\hat{m}_{h,t}(x) \equiv \frac{1}{T}\sum_{\tau \neq 1}^{T}\omega_{\tau,h}P_{\tau}$ 为去掉第 t 个观测值后在时刻 t 的核回归估计量，使得函数 $CV(h)$ 最小化的带宽就是最优带宽。交叉核实函数与窗宽的变化关系图，见附录1。

Lo 等经过研究后认为，要使结果最优化，应取由式（4.19）得出的 h 的 0.3 倍。本书经过大量的仿真试验后，发现当 h 取得较小时，如取 0.4，得到的核回归序列过于逼近原始序列，无法消除偶然波动产生的极值；而当 h 取得较大时，如取 2.0 时，所得序列过于平滑，从而丢失了不少形态。在下文中的实证中 h 的值取 1.0，认为它较好地反映了汇价运动留下的轨迹。图 4-3 中（a）、（b）、（c）分别给出了 h 取 0.4、1.0 和 2.0 时得出的核回归序列对比图。

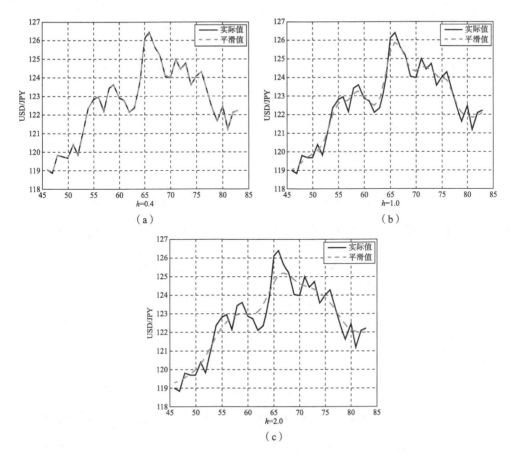

图 4 - 3 带宽 h 取不同值时的核估计量序列对比图

4.4 技术形态识别

价格序列 $\{P_1, P_2, \cdots, P_N\}$ 的核回归估计量 $\{\hat{m}(x)\}$ 为去掉噪声后的光滑价格序列，可视为基本的价格变动趋势，因此可用以判断真实价格序列中的局部极值点，进而用以识别通过五点法定义的技术图形是否存在。

4.4.1 技术形态识别算法

技术形态自动识别算法（Automatic Technical Patterns Recognition Algorithm）包括三个步骤。

第 1 步，定义技术形态，即根据各个技术形态的几何性质给出其精确的数学定义；

第2步，计算平滑估计量序列的极值点，即对每一个原始汇价窗口进行核回归平滑估计，得到其平滑估计量及平滑估计量序列的所有极值点；

第3步，产生条件收益率序列，即根据前两步的结果分析每一个窗口中各个技术形态的发生情况，并生成条件收益率序列。

4.4.2　计算平滑估计量序列的极值点

第1步，对于历史汇价样本 $\{P_1, P_2, \cdots, P_N\}$ 的每一个长度为 w 的窗口进行核回归平滑估计，每一个窗口从时刻 t 到时刻 $t+w-1$，t 从 1 到 $N-w+1$。

$$\hat{m}_h(\tau) = \frac{\sum_{s=t}^{t+w-1} K_h(\tau-s)P_s}{\sum_{s=t}^{t+w-1} K_h(\tau-s)}, \quad t = 1,\cdots,N-w+1 \qquad (4.20)$$

式中，τ 为该窗口内的任意时点，h 为带宽参数。

第2步，确定每个窗口的 $\hat{m}_h(\cdot)$ 序列的局部极值点。

一旦计算出函数 $\hat{m}_h(\tau)$ 后，可以容易地通过等式 $\mathrm{Sgn}[\hat{m}_h'(\tau)] = -\mathrm{Sgn}[\hat{m}_h'(\tau+1)]$ 来搜索局部极值。其中，$\hat{m}_h'(\tau)$ 表示 $\hat{m}_h(\tau)$ 关于 τ 的微分，$\mathrm{Sgn}(\cdot)$ 是符号函数，$\mathrm{Sgn}[\hat{m}_h'(\tau)] = \mathrm{Sgn}[\hat{m}_h(\tau) - \hat{m}_h(\tau-1)]$。如果 $\hat{m}_h'(\tau)$ 和 $\hat{m}_h'(\tau+1)$ 的符号分别是 1 和 -1，那么 $\hat{m}_h(\tau)$ 表示的就是一个极大值，反之，如果 $\hat{m}_h'(\tau)$ 和 $\hat{m}_h'(\tau+1)$ 的符号分别是 -1 和 1，那么 $\hat{m}_h(\tau)$ 表示的就是一个极小值。这一判断过程可以用公式给出，令：

$$\mathrm{extreme}(\tau) = \mathrm{Sgn}[\hat{m}_h'(\tau)] \cdot \mathrm{Sgn}[\hat{m}_h'(\tau+1)] \qquad (4.21)$$

则：
$$\hat{m}_h(\tau) = \begin{cases} 极大值, \mathrm{extreme}(\tau) = -1, \mathrm{Sgn}[\hat{m}_h'(\tau)] = 1 \\ 极小值, \mathrm{extreme}(\tau) = -1, \mathrm{Sgn}[\hat{m}_h'(\tau)] = -1 \\ 非极值, \mathrm{extreme}(\tau) \neq -1 \end{cases} \qquad (4.22)$$

第3步，由 $\hat{m}_h(\cdot)$ 序列的局部极值点返回寻找原始价格序列的局部极值点，具体来说，如果 $\hat{m}_h(\tau)$ 是一个局部极大值点，那么，认为 $\max(P_{\tau-1}, P_\tau, P_{\tau+1})$ 是原始价格序列中对应的局部极大值点；如果 $\hat{m}_h(\tau)$ 是一个局部极小值点，那么，认为 $\min(P_{\tau-1}, P_\tau, P_{\tau+1})$ 是原始价格序列中对应的局部极小值点。

4.4.3　条件收益率序列的产生

根据每个窗口原始汇价序列中的局部极值点及各个技术形态的定义，检验每个窗口中是否有相应的技术形态发生。为了检验形态分析是否能够提供具有盈利性的指示信号，将每一种技术形态发生后的收益率记录下来，组成一个收益率序列，称为条件收益率序列。这种通过非参数核回归识别技术图形的方法的一个优点是可以消除原始价格序列中由于噪声所导致的"伪"局部极值点，可在很大程度上减少虚假技术交易信号的产生。此外，由于并未对真实价格过程的分布作任何假设，这种识别方法可最大限度地保留真实价格过程中的动态特征和局部信息，进而提高识别技术图形的准确性。

采用移动窗口方法，对历史汇价序列 $\{P_1, P_2, \cdots, P_N\}$ 的每个固定长度为 w 天的移动窗口包含的价格序列 $\{P_t, \cdots, P_{t+w-1}, t=1, \cdots, N-w+1\}$ 进行核估计并识别技术图形。其中，令 $w=m+n$，m 表示技术形态完成的时间，n 表示该技术形态从完成到被投资者识别所必需的天数。与 Lo 等形同，取 $m=35$，$n=3$。需要特别说明的是，为了避免某一个技术形态被重复记录，要求只有形态完成点在窗口结尾的技术形态才被记录下来。这里分两种情况：一是对于含"突破"的技术形态，要求前面定义的"最终价格 F_p"发生在窗口结束点；二是对于不含"突破"的技术形态，要求形态的最后一个极值点距离窗口结束点 n 个交易日。

4.5　实证分析

4.5.1　选择汇率数据

目前，外汇市场上交投活跃的货币主要有美元（USD）、欧元（EUR）、日元（JPY）、英镑（GBP）、瑞士法郎（CHF）、加拿大元（CAD）、澳大利亚元（AUD）、新西兰元（NZD）、新加坡元（SGD）。选取上述 9 种货币兑美元的直盘汇价和 11 种交叉盘汇价，共 20 组样本。样本数据为每种货币对的日收盘价，样本区间为 2009 年 1 月 1 日—2018 年 12 月 31 日，数据来源于万德数据库。

图 4-4 显示的是从美元兑日元的某个移动窗口内（$[t, t+m+n-1]$，$t=$ 170）识别到的一个头肩底示例。其中，实线表示该窗口中的实际汇价，虚线表

示核回归估计价格。可以看出，由于去掉了噪声的干扰，核回归估计得到的价格曲线更加平滑，可视为实际汇价的基本变化趋势。

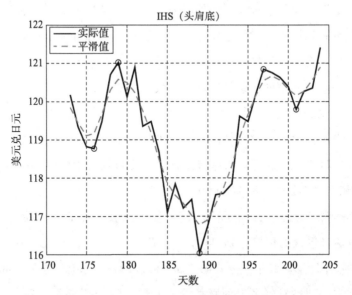

图 4-4　美元兑日元的一个头肩底形态示例

4.5.2　技术形态识别结果

表 4-1 给出了 10 种技术形态出现的频数、非条件收益率及基于各技术形态的条件收益率的相关统计指标值。从表中可以看出，头肩顶（头肩底）110 个（157个），三重顶（底）215 个（198 个），三角顶（底）139 个（149 个），矩形顶（底）268 个（267 个），双顶（底）271 个（239 个），相对应的形态出现的频数相近。还注意到，平均每种汇价在 5 年样本期内会出现 3～7 个各种技术形态，这与 Lo 等在不同的 5 年样本期内平均每只股票发现 4～6 个技术形态的水平比较接近。并且，Lo 等还指出这种技术形态发生的频率在专业的技术交易者来看是合理的。

表 4-1　10 种形态出现的频数、条件与非条件日收益率的统计量描述

形态	出现频数	均值（%）	标准差	偏度	峰度
HS	110	-0.5030	0.0037	-0.7606	2.9531
IHS	157	0.5303	0.0052	1.1897	4.4625
BTOP	215	-0.4510	0.0042	-1.5211	6.3165

续表

形态	出现频数	均值（%）	标准差	偏度	峰度
BBOT	198	0.6542	0.0103	1.4627	4.0515
TTOP	139	− 0.1686	0.0066	0.2144	6.4024
TBOT	149	0.1390	0.0054	0.2222	4.6127
RTOP	268	− 0.4929	0.0041	− 1.4207	5.4433
RBOT	267	0.5241	0.0046	1.7243	7.1966
DTOP	271	− 0.5231	0.0044	− 1.3728	5.0231
DBOT	239	0.4426	0.0036	1.1718	4.6721
Raw	—	0.0096	0.0069	− 0.0720	8.9050

注：各技术形态出现的频数是指在 20 种货币对中识别到的该技术形态的总和，并使用该样本来估计各技术形态条件日收益率的均值、标准差、偏度和峰度；最后一行对应的是 20 种货币对的非条件日收益率的均值、标准差、偏度和峰度。

对于识别到的技术形态，关心的是其是否具有可用于预测的信息含量。因此，下面考察技术形态形成后的条件收益率与非条件收益率在统计特征上的差异。根据实务界关于技术形态的预示，头肩顶（头肩底）形态、三重顶（底）形态、三角顶（底）形态、矩形顶（底）和双顶（底）形态形成后价格将出现下跌（上涨）。从表 4-2 可以看出，各种形态对应的条件日收益率均与预期的价格变化方向一致，并且绝对值远大于非条件日收益率的均值（0.0096%）。其中，BBOT 形态的条件日收益率的均值最大，为 0.6542%。而且，HS、IHS、BTOP、RTOP、RBOT、DTOP 和 DBOT 形态的条件日收益率的均值的绝对值也都大于 0.4%，而 TTOP、TBOT 形态的条件日收益率均值都小于 0.2%。此外，从高阶矩特征来看，各技术形态条件收益率的偏度和峰度都与非条件收益率存在一定差异。因此，下面将对技术形态的条件收益率与非条件收益率的分布差异做正式的统计检验。

4.5.3　技术形态的信息含量检验

如果形态确实具有可用于预测的信息含量，这些形态形成后汇价的变化将会呈现一定的趋势，因而基于技术形态的条件收益率的统计特征可能发生变化；相反，如果技术形态并不具有预测能力，这些技术形态形成后价格会依然呈现随机变化，进而条件收益率在分布上应与非条件收益率没有显著差异。本书将采用卡方拟合优度（chi-square goodness of fit）统计量来检验条件收益率与非条件收益率在经验分布上的差异，以此考察技术形态是否具有信息含量。

卡方拟合优度检验的基本思想是：考察样本观测值落入某个分类（catego-ries）中的观测频率与预期频率是否具有显著差异。选择所有汇价非条件收益率样本的十分位数（deciles）作为分类，如果条件收益率与非条件收益率相互独立并具有相同的分布（IID），则条件收益率落入每个十分位区间的预期频率应为10%。设条件收益率的观测值落入第 j 个十分位区间的比例为 $\hat{\delta}_j$，$j = 1$，…，10，根据原假设 $\hat{\delta}_j = 0.1$ 有[99]：

$$\sqrt{N}(\hat{\delta}_j - 0.1)^{\alpha} \sim N(0, 0.1(1 - 0.1)) \tag{4.23}$$

式中，$\hat{\delta}_j = N_j / N$，N_j 为条件收益率落入第 j 个十分位区间的观测值数，N 为所有汇价条件收益率的样本数。若原假设为所有 $\hat{\delta}_j$ 均等于10%，则可构造卡方拟合优度检验的 Q 统计量：

$$Q = \sum_{j=1}^{10} \frac{(N_j - 0.1N)^2}{0.1N} \sim \chi_9^2 \tag{4.24}$$

从每种汇价10年的日收益率当中随机抽取100个收益率作为该汇价非条件收益率的一个样本。考虑到卡方拟合优度检验的原假设是条件收益率与非条件收益率独立同分布，因此，为降低样本的异方差性，对每种汇价的收益率分别标准化为：

$$R_{i,t}^n = \frac{R_{i,t} - \text{Mean}[R_{i,t}]}{\text{Std}[R_{i,t}]} \tag{4.25}$$

$$r_{i,t}^n = \frac{r_{i,t} - \text{Mean}[r_{i,t}]}{\text{Std}[r_{i,t}]} \tag{4.26}$$

式中，均值和标准差分别对每种汇价的收益率序列单独进行计算。这样，每种汇价标准化后的条件日收益率与非条件日收益率的均值都为0，方差都为1。因此，可将所有汇价标准化后的条件日收益率和非条件日收益率分别进行合并，并通过比较这两个合并后的样本在经验分布上的差异来检验各种技术形态是否具有可用于预测的信息含量。

表4-2给出了标准化条件日收益率的卡方拟合优度检验结果。其中，HS形态的 Q 统计量值为20.2，P 值为0.018，表明其在5%的显著性水平下是显著的，TTOP形态的 Q 统计量值为15.6，P 值为0.078，其在10%的显著性水平下显著。

表4-2 标准化条件日收益率的卡方拟合优度检验

形态	1	2	3	4	5	6	7	8	9	10	Q (P-Value)
HS	11.2 (0.37)	18.4*** (2.94)	8.4 (-0.59)	4.7* (-1.87)	3.8** (-2.19)	6.6 (-1.22)	9.2 (-0.25)	11.2 (0.39)	14.9* (1.68)	12.1 (0.72)	20.2** (0.0178)
IHS	7.0 (-1.21)	16.9*** (2.80)	19.5*** (3.89)	9.8 (-0.14)	4.6** (-2.29)	4.6** (-2.29)	7.6 (-0.95)	7.2 (-1.21)	9.8 (-0.14)	13.6 (1.48)	35.3*** (0.000)
BTOP	13.7* (1.77)	11.2 (0.61)	8.7 (-0.52)	4.8*** (-2.59)	5.3 (-2.36)	6.6* (-1.67)	10.9 (0.38)	8.8 (-0.54)	21.7*** (5.65)	8.6 (-0.78)	46.5*** (0.000)
BBOT	4.0*** (-2.77)	23.6*** (6.28)	19.8*** (4.61)	10.3 (0.11)	7.8 (-1.11)	3.7*** (-3.01)	5.7* (-2.04)	6.2* (-1.82)	4.2** (-2.77)	15.4** (2.49)	89.9*** (0.000)
TTOP	9.4 (-0.22)	13.1 (1.18)	15.6** (2.08)	13.1 (1.18)	3.7** (-2.51)	6.6 (-1.37)	7.3 (-1.09)	10.2 (0.07)	9.3 (-0.24)	12.4 (0.92)	15.6** (0.078)
TBOT	14.2* (1.72)	7.5 (-1.03)	12.4 (0.89)	4.8** (-2.16)	8.2 (-0.78)	7.5 (-1.05)	10.2 (0.04)	13.6 (1.43)	12.3 (0.87)	10.2 (0.06)	12.5 (0.192)
RTOP	14.4** (2.45)	7.9 (-1.21)	8.3 (-1.01)	5.8** (-2.21)	5.3** (-2.63)	4.9*** (-2.83)	13.1* (1.67)	11.8 (1.02)	21.7*** (6.31)	7.2 (-1.62)	67.2*** (0.000)
RBOT	6.4** (-1.97)	22.3*** (6.61)	15.5*** (2.93)	7.2 (-1.56)	7.6 (-1.37)	7.2 (-1.56)	8.4 (-0.93)	4.8*** (-2.79)	6.9* (-1.77)	14.4** (2.34)	72.2*** (0.000)
DTOP	12.7 (1.41)	9.6 (-0.47)	9.4 (-0.41)	6.1** (-2.04)	6.4** (-2.02)	5.8** (-2.24)	8.6 (-0.82)	11.2 (0.62)	24.2*** (7.72)	6.8* (-1.84)	71.3*** (0.000)
DBOT	8.5 (-0.81)	23.8*** (7.19)	11.6 (0.72)	5.8** (-2.11)	7.7 (-1.26)	5.6** (-2.34)	6.8 (-1.70)	5.6** (-2.34)	10.2 (0.05)	15.2*** (2.65)	71.4*** (0.000)

注：十分位数各列表示标准化条件收益率落入标准化非条件收益率对应十分位数区间的百分比，括号内为该百分比是否显著异于10%的渐进 t 统计量值。*（**，***）表示在10%（5%，1%）的显著性水平下显著。

除 TBOT 形态外，其他技术形态的 Q 统计量均在 1% 的显著性水平下显著，这表明标准化条件收益率落入标准化非条件收益率每个十分位区间的比例至少有一个不等于 10%。从各十分位数区间的检验结果也可证实 Q 统计量的检验结果。例如，BBOT 形态标准化条件收益率落入标准化非条件收益率第 6 个十分位数区间的比例仅为 3.7%，这在 1% 的显著水平下是显著异于 10%（原假设 $\hat{\delta_j} = 0.1$）的。其他技术形态的检验结果也在一些十分位数区间显著。因此，条件收益率与非条件收益率在经验分布上具有显著差异。这一结果意味着绝大多数技术形态均可提供并不包含在当前收益率当中的额外信息。由于各技术形态均从历史价格当中识别，实证结果表明，使用技术形态可从历史汇价当中获取有关未来汇价变化趋势的信息。

4.6 本章小结

本章在 Lo 等的基础上，采用核回归平滑估计算法对外汇市场上的走势形态技术分析进行了有效复制。首先，改进了 Lo 等中定义的技术形态，产生条件收益率序列；其次，对比不同复杂程度技术形态的条件收益率的均值和方差之间的区别；最后，采用卡方拟合优度方法检验基于技术形态的条件收益率相对于非条件收益率在统计分布上的差异。实证研究发现，除三角底形态外，其余技术形态形成后的条件收益率在经验分布上均与非条件收益率具有显著差异，表明绝大部分技术形态具有可用于预测的额外信息。这有力地反驳了技术分析无效的观点，为客观评价技术分析的价值提供了可靠的证据。

本章最主要的贡献在于：（1）在已有文献的基础上，提出了检验复杂技术形态信息含量的新方法，这个方法在统计思想上十分自然与合理，经济含义明显；（2）首次运用规范的统计方法，研究了外汇市场上形态技术分析的信息含量，实证检验证明了复杂技术形态在外汇市场上的有效性；（3）对 Lo 等提出的技术形态定义进行了改进和完善。根据经典技术分析手册的说明，在 Lo 等的原有定义中增加了"突破"的概念，使技术形态的定义更加符合金融实业界的标准；（4）发现了某些形态确实可以提供显著的信息含量，从而证明了技术分析在外汇市场上的应用价值。

第5章

基于 Dempster-Shafer 证据理论
的外汇交易策略研究

5.1 背景

近几年来,国际金融市场跌宕起伏,尤其是外汇市场,各国货币汇率的波动剧烈。互联网的快速发展,极大地降低了进入国际外汇市场的门槛,使原来主要由银行等金融机构参与的市场变成了普通投资者也可参与的投资场所,货币成了最流行的交易商品,从事外汇投资和其他外汇资金业务的人员越来越多。由于外汇市场每时每刻都处在不断波动中,不时地还会出现剧烈的波动,这既给进行国际贸易、投资的公司和企业带来极大的汇率波动风险,同时也给我们提供了极好的投资机会。投资者中,有的是出于保值、防范汇率利率风险需要,也有大量的机构和个人利用外汇市场的波动进行外汇投资,以赚取点差或者利差,达到赢利的目的。这就需要投资者掌握更多的外汇交易规则,准确把握市场行情,预测汇率的下一步走势。如何寻找一套合理而有效的交易策略来最大限度地规避风险、增加收益是投资者面临的重要课题。

外汇市场中,投资者有短线、中长线和长线之分,无论对于哪一种投资者,交易外汇都面临着交易何种货币和何时交易的问题。投资者对这两个问题进行决策的主要依据是基本面分析和技术分析。基本面分析从基本的经济动态来观察,通过对经济政策及各项经济指标的研究来分析未来汇率变化的趋势,从而引导投资者选择投资对象。其理论基础是汇率决定理论,该理论试图用相对货币供应量、利率、物价水平、经济增长、内外资产的替代性和均衡价格的调整速度等来解释汇率的波动。在对这些因素进行分析的过程中，形成了各种宏观经济汇率模型。但是，在前面的章节中我们已经明确指出，传统汇率模型的解释能力、预测能力都比较差，尤其对短期内的汇率变化。

技术分析通过对一些经济数据发布前后或政治军事等突发性事件出现前后对市场价格波动曲线的分析来推断未来汇率变化的趋势，它尤其适用于短线投资者。技术分析大多是通过十几年乃至几十年的市场实践经验总结出来的，指标分析是技术分析的重要方法之一。由于任何一种技术指标都只是从不同的角度和侧重点来反映市场的内在规律，因此其或多或少地有其运用上的死角和不可知的变数。每个指标都有其优势和劣势，单一的指标往往产生虚假信号，甚至会导致亏损，给投资者带来惨痛的教训。如何解决这个问题呢？

Dempster-Shafer 证据理论（以下简称 D-S 证据理论）是 Dempster 于 1967年提出[100]，后由 Shafer（1976）[101]进一步发展和完善而形成的结果。证据理论可处理由不知道所引起的不确定性。利用证据理论作为融合方法，就是通过不同观测结果的信任函数，利用 Dempster 证据组合规则将其融合，再根据一定的规则对组合后的信任函数进行判断，最终实现融合和决策的选择。近年来，该理论在金融投资领域的应用已取得明显成效。李建军等（2008）[102]提出了一种基于修正系数学习的修正方法，将证据理论引入证券市场，将每个专家的预测意见视为证据，不同专家预测意见的综合视为证据合成问题，然后用修正方法对冲突专家意见进行修正；杨善林等（2008）[103]建立了基于 D-S 证据理论的银行操作风险管理体系；Dymova 等（2008）[104]提出了基于证据推理的专家和决策支持系统建设新方法；Sevastianov 等（2009）[105]将模糊逻辑和证据理论合成来模拟证券交易系统的决策过程；易昆南（2009）[106]结合中国股票市场的特性，给出了利用证据理论进行组合投资的方法；朱厚任等（2005）[107]提出了基于证据理论的证券组合优化方法，解决了最优投资比例问题和最大组合收益问题。这些研究成果的提出和应用均促进了证据理论在金融投资领域的发展，但也存在一定的局限性。有的在应用 Dempster 合成法则实现融合时，没有考虑多种证据的相关性，降低了融合的准确性；有的利用证据理论对组合投资作了初步而有益的探索，但其基本概率分配函数是直接给出的，具有较大的主观性。

　　由于外汇市场交易行为的复杂性，仅依赖单一指标分析方法来判断交易信号，得到的结论往往与正确的买卖信号不一致。解决该问题的方法就是综合运用多种技术指标对交易信号做出估测。由于各种分析方法得到的结论不太一致，甚至是相互矛盾的，不同指标分析方法的结论该怎样融合呢？考虑到技术分析的特点和外汇市场存在的诸多不确定因素，以及证据理论处理数据融合和不确定问题的优点，本书尝试性地通过证据理论来处理不同技术指标所得结论的差异，将不同的指标分析方法作为独立的证据源，利用 Dempster 合成法则对各种方法的结果予以融合，构建了一种新的基于证据理论的多指标融合外汇交易模型，最后把所提出的方法应用于实盘外汇交易中，得到了较为满意的结果。

5.2　D-S 证据理论

5.2.1　证据理论

　　证据理论由 Dempster 于 1967 年提出，后由他的学生 Shafer 对其进行推广和完善，故称为 Dempster-Shafer 理论。证据理论是一种不确定性推理方法，该理论允许把整个问题和证据分解为若干个子问题、子证据，在对子问题、子证据做出相应地处理后，利用 Dempster 合成法则，可以得到整个问题的解，所以证据理论也是一种决策理论。证据理论用集合来表示命题，将对命题的不确定性描述转化为对集合的不确定性描述；讨论的对象是目标集的幂集；在对证据信息的表示上，能够区分不确定和不知道的差异；对不确定性问题的描述更接近人的思维习惯，能较好地处理具有模糊和不确定信息的合成问题。

　　在证据理论中，证据不是指实证据，而是指人们的经验和知识的一部分，是人们对该问题所做的观察和研究的结果。因此，对一个特定的决策问题，决策者的经验、知识及他对该问题的观察、研究等都是他用来做决策的证据。证据理论基于人们对客观世界的认识，根据人们掌握的证据和知识，对不确定性事件给出度量方法。这种方法更贴近人们的习惯，便于应用。证据理论对证据合成给出了系统的合成公式，使多个证据合成后得到的基本可信数依然满足证据基本可信数的性质，具有可计算性、信息量大等优点[108]。

证据理论具有其独特的优势：（1）证据理论具有比较强的理论基础，既能处理随机性所导致的不确定性，也能处理模糊性导致的不确定性；（2）证据理论可以依靠证据的积累，不断地缩小假设集；（3）证据理论能将"不知道"和"不确定"区分开来；（4）证据理论可以不需要先验概率和条件概率密度[109]。

随着证据理论的发展，它的应用也越来越广。目前，证据理论在信息融合、风险评估、专家系统、企业诊断、模式识别、决策分析等方面均有成功的应用。

5.2.2　证据理论的基本概念

1. 辨识框架（Frame of Discernment）

D-S证据理论中，一个非常重要的概念就是辨识框架，它被描述为：某命题的各种相互独立的可能方案或者假设构成的一个有限集合为 Θ，即 $\Theta = \{H_1, H_2, \cdots, H_n\}$，称 Θ 为该命题的一个识别框架。Θ 中的所有可能集合用幂集合 2^{Θ} 来表示，当 Θ 中的元素有 n 个，则 Θ 的幂集合的元素个数为 2^n。具体可以表示为

$$2^{\Theta} = \{\Phi, \{a_1\}, \cdots, \{a_N\}, \{a_1, a_2\}, \cdots, \{a_1, a_N\}, \cdots, \Theta\} \tag{5.1}$$

2. 基本概率分配函数（Basic Probability Assignment，BPA）

设 Θ 为识别框架，如果集函数 $m: 2^{\Theta} \rightarrow [0, 1]$，且 m 满足：$m(\phi) = 0$，$0 \leqslant m(A) \leqslant 1$ 和 $\sum\limits_{A \subseteq \Theta} m(A) = 1$，则称函数 m 为 Θ 上的基本概率分配函数或 Mass 函数。

$m(A)$ 为证据支持命题 A 发生的程度。若 $A \subseteq \Theta$ 且 $m(A) > 0$，则称 A 为证据的焦元（Focal Element），所有焦元的集合称为核（Core）。

3. 信任函数（Belief Function，Bel）

设 Θ 为识别框架，集函数 $m: 2^{\Theta} \rightarrow [0, 1]$ 为框架 Θ 上的 BPA，则称由

$$\mathrm{Bel}(A) = \sum\limits_{B \subseteq A} m(B), \forall A, B \subseteq \Theta \tag{5.2}$$

所定义的函数 Bel 为 Θ 上的信任函数。式（5.2）中 $\mathrm{Bel}(A)$ 反映所有 A 的子集的精确信度总和。

4. 似真函数（Plausibility Function，Pls）

设 Θ 为识别框架，Bel：$2^\Theta \to [0, 1]$ 为 Θ 上的信任函数，则称由

$$\mathrm{Pls}(A) = \sum_{A \cap B \neq \phi} m(B), \quad \forall A, B \subseteq \Theta \tag{5.3}$$

所定义的函数 Pls：$2^\Theta \to [0, 1]$ 为 Θ 上的似真函数，$\forall A \subseteq \Theta$，$\mathrm{Pls}(A)$ 称为 A 的似真度。式（5.3）中的 $\mathrm{Pls}(A)$ 表示不否定 A 的程度。$\mathrm{Pls}(A)$ 包含了所有与 A 相容的那些集合（命题）的基本可信度。是比 $\mathrm{Bel}(A)$ 更宽松的一种估计。

似真函数与信任函数有如下关系：

$$\mathrm{Pls}(A) = 1 - \mathrm{Bel}(\overline{A}), \quad \forall A, \overline{A} \subseteq \Theta \tag{5.4}$$

似真函数 $\mathrm{Pls}(A)$ 可以解释为证据不否定命题的程度，或者主体在给定证据下对 A 的最大可能信任程度。

由于 $\mathrm{Bel}(A)$ 表示对 A 为真的信任程度，$\mathrm{Pls}(A)$ 表示对 A 为非假的信任程度，而且，$\mathrm{Pls}(A) \geqslant \mathrm{Bel}(A)$，称 $\mathrm{Bel}(A)$ 和 $\mathrm{Pls}(A)$ 分别为对 A 信任度的下限和上限，记为 [$\mathrm{Bel}(A)$，$\mathrm{Pls}(A)$]，它表示对 A 的信任区间。

$\mathrm{Pls}(A) - \mathrm{Bel}(A)$ 表示对 A 既信任又不信任的那部分，即对 A 的不确定程度。图 5-1 可直观表示出证据理论中信息的不确定性[110]。

图 5-1 信息的不确定性表示

5.2.3 Dempster 合成法则

命题的不确定性需要用信任函数和似真函数来度量，而信任函数和似真函数的定义又依赖于基本信任分配函数，所以基本信任分配函数是对一个命题的不确定性度量的基础。然而在有的情况下，对同样的证据，由于数据来源不同，会得到两个或多个不同的基本信任分配函数。为了计算信任函数和似真函数，必须将两个或多个基本信任分配函数合并成一个概率分配函数。因此，Dempster 提出了一种合成方法，即对两个或多个基本信任分配函数进行正交和运算，此合成方法

的公式称为 D-S 合成规则[111]。

Dempster 合成法则是一个反映证据联合作用的法则。给定几个同一识别框架上的基于不同证据的信度函数，如果这几批证据不是完全冲突的，那么就可以利用该合成法则计算出一个信任函数，而这个信任函数就可以作为这几批证据的联合作用下的信任函数。该信任函数称为原来几个信任函数的正交和[112]。

1. 两个信任函数的合成规则

设 Bel_1 和 Bel_2 是同一识别框架 Θ 上的两个信任函数，m_1，m_2 分别是其对应的 Mass 函数，m_1，m_2 的焦元分别为 A_1，A_2，$\cdots$，A_K 和 B_1，B_2，$\cdots$，B_K。m_1 和 m_2 的合成记为 $m_1 \oplus m_2$，$m_1 \oplus m_2$（$\oplus$为直和）：$2^\Theta \to [0, 1]$，其中焦点元素 $A \neq \phi$，且 $A = A_i + B_j$，则

$$m(A) = \begin{cases} 0, & A = \phi \\ \dfrac{\sum\limits_{A_j \cap B_j = A} m_1(A_i) m_2(B_j)}{1 - k}, & A \neq \phi \end{cases} \tag{5.5}$$

式中，$k = \sum\limits_{A_j \cap B_j = \phi} m_1(A_i) m_2(B_j)$，它反映了各个证据之间的冲突。$k$ 的值越大，说明证据冲突程度也越大。系数 $\left(\dfrac{1}{(1-k)}\right)$ 称为归一化因子，表明在合成时将非 0 的信任赋给空集 ϕ。

2. 多个信任函数的合成规则

设 Bel_1，Bel_2，$\cdots$，Bel_n 都是同一识别框架 Θ 上的信度函数，m_1，m_2，$\cdots$，m_n 是对应的基本可信任分配函数，焦元分别为 $A_i(i = 1, 2, \cdots, n)$，如果 $Bel_1 \oplus Bel_2 \oplus \cdots \oplus Bel_n$ 存在且基本可信度分配为 m，则 D-S 合成规则为

$$m(A) = \begin{cases} 0, & A = \phi \\ \dfrac{\sum\limits_{\cap A_i = A} \prod\limits_{1 \leq i \leq n} m_i(A_i)}{1 - k}, & A \neq \phi \end{cases} \tag{5.6}$$

式（5.6）中，$k = \sum\limits_{\cap A_i = \phi} \prod\limits_{1 \leq i \leq n} m_i(A_i)$。当多个证据合成时，可以使用该式级联运算。D-S 对实际的金融资产投资时，投资主体可以凭借经验和知识利用不同的技术指标在辨识框得到一个投资方案，该方案产生一个基本信度分配[113]。

5.3 技术指标描述

目前，金融市场上的各种技术指标数不胜数。根据指标的不同特点，技术指标又可以分为趋势类指标、摆动类指标、成交量类指标等。趋势类指标力图捕捉市场将会出现的趋势。摆动类指标的焦点集中于价位在某个特定时间橱窗之内的变化，以衡量市场将出现的趋势倾向。成交量指标也称为"人气指标"，用以了解投资者参与市场的程度。根据技术指标使用的原则及建立技术指标所对应的基本概率分配函数的可行性，本节试图选择一些经典的指标，如平滑异同移动平均线指标（Moving Average Convergence Divergence，MACD）、相对强弱指标（Relative Strength Index，RSI）和顺势指标（Commodity Channel Index，CCI）作为独立的证据。

5.3.1 指数平滑均线指标

简单移动平均线(Simple Moving Average，SMA)采用价格的综合平均，由于近日的价格更能反映价格的走势，因此其信号的出现经常滞后于市场行情，于是引入指数平滑均线（EMA）取代移动平均线[114]。指数平滑均线可以随价格的移动快速调整方向，从而有效地解决了移动平均线信号滞后的问题。

指数平滑均线的递推公式为

$$\mathrm{EMA}_n(P,m) = (1 - \alpha) \times \mathrm{EMA}_{n-1} + \alpha \times P_n \tag{5.7}$$

式中，p_n 为第 n 日的收盘价；α 为平滑因子；m 为移动平均的天数。指数移动平均线通过平均值来过滤价格，可以缓和市场价格的波动，将各种扭曲降至最低，从而达到追踪市场价格趋势的目的。

5.3.2 平滑异同移动平均线指标

平滑异同移动平均线指标(MACD) 根据移动平均线的构造原理，运用快速（周期短）和慢速（周期长）移动平均线及其聚合与分离的特征，加以双重平滑运用，既保留了移动平均线的判断效果，又弥补了移动平均线过于频繁出现伪信号的不足。

MACD 指标的定义如下：

$$\mathrm{MACD} = \mathrm{EMA}(\mathrm{close},12) - \mathrm{EMA}(\mathrm{close},26) \tag{5.8}$$

相应的信号线定义为❶

$$SIGNAL = SMA(MACD, 9) \tag{5.9}$$

当 MACD 线由下向上穿越 SINGAL 线时,是买入信号;当 MACD 线由上向下穿越 SINGAL 线时,是卖出信号。一般地,当 MACD 线在"0"值以上时,为多头市场;反之,当 MACD 线在"0"值以下时,为空头市场。

MACD 指标是通过计算短期移动平均线与长期移动平均线之间的离差得到的。MACD 可用柱状线或曲线表示,如图 5-2 所示。图中"0"线表示短期移动平均线与长期移动平均线的交叉,二者数值相等时对应点的集合。此时,市场短期与长期趋势力量暂时处于平衡,而且短期与长期相对力量关系可能发生反转。如果短期移动平均线与长期移动平均线之间正向距离越大,则 MACD 正离差值越大。如果短期移动平均线与长期移动平均线之间负向距离越大,则 MACD 负离差值越大。

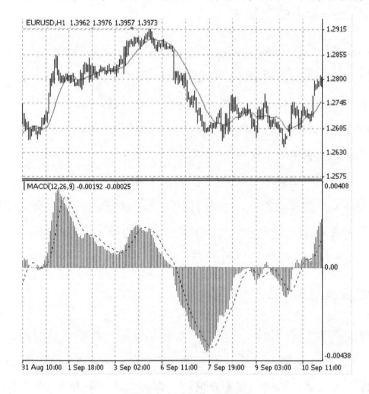

图 5-2　MACD 示意图

---

❶ 该指标的创立者查拉尔德·阿佩尔在最初定义 SIGNAL 线时,就采用的是 MACD 的简单移动平均。在 MT4 的交易平台中就是按这种方法定义的。

5.3.3　相对强弱指标

相对强弱指标(RSI) 是根据市场上买卖力量平衡的原理，通过比较一段时间内单个货币价格的涨跌幅度或市场货币综合指数的涨跌大小来分析和判断市场买卖双方的强弱程度[115]。定义为

$$\mathrm{RSI}(m) = 100 - \frac{U}{U+D} \times 100 \qquad (5.10)$$

式中，U 为 m 时段内收盘价上涨点数之和的平均值；D 为 m 时段内收盘价下跌点之和的平均值❶。RSI 的值介于 0 到 100 之间，RSI 的交易原则为：当 RSI < 30 时，一般认为价格下跌幅度已深，市场超卖，建议投资者买进；当 RSI > 70 时，一般认为价格上涨幅度已高，市场超买，建议投资者卖出。

5.3.4　顺势指标

顺势指标(CCI) 所应用的技术基本上是一种移动平均线波动指标的方法，比较加权收盘价偏离其移动平均数的程度，属短线技术分析指标[116]。公式如下：

$$\mathrm{CCI}(m) = \frac{1}{\alpha} \times \frac{P_n - \mathrm{SMA}(P,m)}{\sigma(P)} \qquad (5.11)$$

式中，$\alpha = 1.5\%$；$P = (H+L+C)/3$；SMA 为简单移动平均值；σ 为平均偏差；m 为时间长度。CCI 一般在 ±100 间摆动，基本的买卖策略是：若 CCI 由 –100 之下回升，可以作为买入信号；若 CCI 由 +100 之上回落，可以作为卖出信号。

5.4　基于 D-S 证据理论的外汇交易模型

MACD 指标、RSI 指标和 CCI 指标所采用的信息和对信息的处理手段是各不相同的，即它们之间不存在相关性。满足证据相互独立性要求，应用 Dempster 合成法则对其进行合成是合理可行的。因此，可将这三个技术指标作为证据，建立

---

❶　RSI 是由技术分析大师威尔斯·威尔德于 1978 年在其著作《技术交易系统的新概念》一书中最先提出，该书中对 RSI 的计算作了详细的介绍与解释。其中，求上涨点数之和的平均值与下降点数之和的平均值采用的是威尔德平滑方法，而不是一般的简单移动平滑。

基于 D-S 证据理论的多指标融合外汇交易模型，寻找最佳交易规则。该方法的基本框架如图 5 – 3 所示。

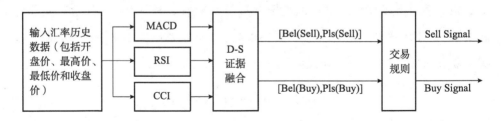

图 5 – 3　基于 D – S 证据理论的多指标融合外汇交易框架图

5.4.1　D-S 证据理论外汇交易策略

1. 构造识别框架

证据理论强调依据证据为一个命题赋予真值，把所能认识到的所有可能结果的集合作为识别框架。金融市场上投资者的交易行为要么是买入，要么是卖出。因此，交易行为的识别框架可以定义为：$\Theta = \{B, S\}$。这里 B 代表买入，S 代表卖出。

2. 选择证据体

MACD 善于跟踪市场的主要趋势，而 RSI 主要来判断多空双方力量的强弱，CCI 指标用来检测异常价格的变动。将 MACD 指标、RSI 指标和 CCI 指标视为不同的证据，每一种指标方法得到的可能的结论为识别框架 Θ 上的基本概率分配。

3. 确定各个证据的基本概率分配函数

多信息融合实质上就是在同一识别框架下，将不同的证据体合成为一个新的证据体的过程，关键是如何根据现有的证据构造基本概率分配函数[117]。但 D-S 证据理论中并没有给出基本概率分配函数的一般求法，基本概率赋值的获取是一个与应用密切相关的课题，也是实际应用中最为关键的一步，直接影响最后融合决策结果的准确性和有效性。本书结合各技术指标发出交易信号的特点，采用如下方法构造识别框架上命题的基本概率分配函数，使基本概率分配的赋值客观化。设 m_1，m_2，m_3 分别为 MACD，RSI 和 CCI 的基本概率分配函数。定义如下：

$$m_1(B) = f_{1B}(\text{MACD}), m_1(S) = f_{1S}(\text{MACD}) \quad (5.12)$$

$$m_2(B) = f_{2B}(\text{RSI}), m_2(S) = f_{2S}(\text{RSI}) \quad (5.13)$$

$$m_3(B) = f_{3B}(\text{CCI}), m_3(S) = f_{3S}(\text{CCI}) \quad (5.14)$$

根据 MACD 的基本交易规则，当前 MACD 柱的高度比之前的柱高时，为向上倾斜，表明多方占主导，应该买入；当前 MACD 柱的高度比之前的柱低时，为向下倾斜，表明空方占主导，应该卖出。根据上述研判标准，指标 MACD 的基本概率分配函数可以用高斯函数来逼近，如图 5 - 4 所示。

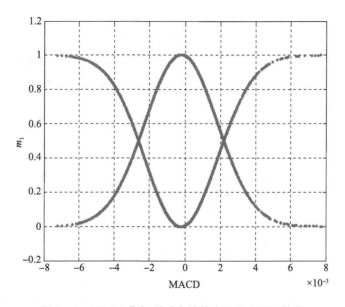

图 5 - 4　MACD 指标所对应的基本概率分配函数图

因此可定义 f_{1B} 函数为

$$m_1(B) = \begin{cases} a_1 \dfrac{1}{\sqrt{2\pi\sigma_1^2}} e^{-\frac{(x-\mu_1)^2}{2\sigma_1^2}}, & \text{if } \text{MACD}_n > \text{MACD}_{n-1} \\[3mm] 1 - a_1 \dfrac{1}{\sqrt{2\pi\sigma_1^2}} e^{-\frac{(x-\mu_1)^2}{2\sigma_1^2}}, & \text{if } \text{MACD}_n \leqslant \text{MACD}_{n-1} \end{cases} \quad (5.15)$$

类似地，f_{1S} 函数为

$$m_1(S) = \begin{cases} a_2 \dfrac{1}{\sqrt{2\pi\sigma_2^2}} e^{-\frac{(x-\mu_2)^2}{2\sigma_2^2}}, & \text{if } \text{MACD}_n < \text{MACD}_{n-1} \\[3mm] 1 - a_2 \dfrac{1}{\sqrt{2\pi\sigma_2^2}} e^{-\frac{(x-\mu_2)^2}{2\sigma_2^2}}, & \text{if } \text{MACD}_n \geqslant \text{MACD}_{n-1} \end{cases} \quad (5.16)$$

式中，a_1、a_2、μ_1、μ_2、σ_1、σ_2 为参数，依赖于交易的货币对和样本区间，参数 a_1、a_2 主要是为了对所定义的基本概率分配函数进行归一化处理。

引入 Sigmoid 函数，如下式所示：

$$f(x) = \frac{1}{1 + e^{-a(x-b)}} \tag{5.17}$$

Sigmoid 函数是一个良好的阈值函数，连续、光滑、关于（0，b）中心对称。Sigmoid 函数可以使输出值在 0～1 连续变化，可以实现从输入到输出的非线性映射。

［70，100］是 RSI 的超买区间，若 RSI 的取值在此范围内，是卖出信号；［0，30］是 RSI 的超卖区间，若 RSI 的取值在此范围内，是买入信号。根据 RSI 的研判法则和 Sigmoid 函数的特点，采用 Sigmoid 函数来逼近 RSI 的基本概率分配函数[118]，如图 5-5 所示。

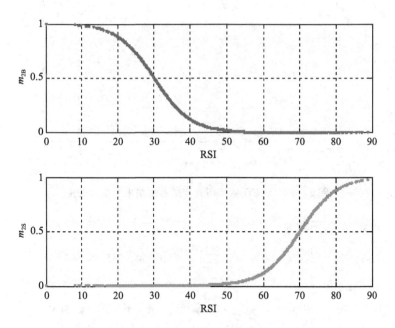

图 5-5　RSI 指标所对应的基本概率分配函数图

定义 f_{2B} 函数如下：

$$m_2(B) = 1 - \frac{1}{1 + e^{-a(x-30)}} \tag{5.18}$$

类似地，f_{2S} 函数为

$$m_2(S) = \frac{1}{1 + e^{-a(x-70)}} \qquad (5.19)$$

式中，a 为倾斜系数，依赖于交易的货币对和样本区间。此研究中经反复调试，将其取值定为 0.2，这是本书大量测试后对其进行的经验性取值，其科学的选取方法有待今后进一步研究。

和 RSI 指标类似，当 CCI 指标的取值大于 100 时，反映市场周期性超买，是卖出信号；当 CCI 指标的取值小于 -100 时，反映市场周期性超卖，是买入信号。由于 CCI 的取值范围为 (-∞, +∞)，避免了钝化现象。根据 CCI 的上述研判标准，其基本概率分配函数也可以用 Sigmoid 函数来描述，如图 5 - 6 所示。

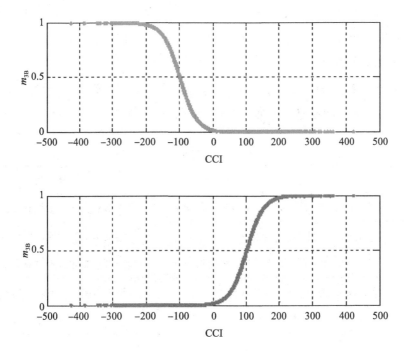

图 5 - 6　CCI 指标所对应的基本概率分配函数图

定义 f_{3B} 函数如下：

$$m_3(B) = 1 - \frac{1}{1 + e^{-b(x+100)}} \qquad (5.20)$$

类似定义 f_{3S} 函数：

$$m_3(S) = \frac{1}{1 + e^{-b(x-100)}} \tag{5.21}$$

式中，b 为倾斜系数，依赖于交易的货币对和样本区间。经反复调试，参数 b 的取值为 0.5，也是其经验性取值。

4. 证据的合成

可根据式（5.4）计算证据组合后得到的识别框架上的基本概率分配函数 $m(B)$ 和 $m(S)$，公式如下：

$$m(B) = m_1(B) \oplus m_2(B) \oplus m_3(B) \tag{5.22}$$

$$m(S) = m_1(S) \oplus m_2(S) \oplus m_3(S) \tag{5.23}$$

对于不同证据的信度函数，利用 D-S 合成法则，计算出这些证据联合作用下的信任函数和似真函数。于是买、卖信号的信任区间分别为 $[\mathrm{Bel}(B), \mathrm{Pl}(B)]$ 和 $[\mathrm{Bel}(S), \mathrm{Pl}(S)]$，可由式（5.2）和式（5.3）导出。

5. 建立交易规则

为了产生基于信任区间的可靠交易信号，需设定两个阈值，触发阈值 T 和不确定阈值 U。相应的交易规则如表 5-1 所示。

表 5-1 交易规则

交易条件	交易行为
如果 $T \in [\mathrm{Bel}(B), \mathrm{Pl}(B)]$ 且 $\mathrm{Pl}(B) - \mathrm{Bel}(B) \leqslant U$,	建立多头头寸或者持有多头头寸
如果 $\mathrm{Pl}(B) < T$ 且 $\mathrm{Pl}(B) - \mathrm{Bel}(B) \geqslant U$,	结束多头头寸或者保持观望
如果 $T \in [\mathrm{Bel}(S), \mathrm{Pl}(S)]$ 且 $\mathrm{Pl}(S) - \mathrm{Bel}(S) \leqslant U$,	建立空头头寸或者持有空头头寸
如果 $\mathrm{Pl}(S) < T$ 且 $\mathrm{Pl}(S) - \mathrm{Bel}(S) \geqslant U$,	结束空头头寸或者保持观望
否则	保持观望

具体交易过程如图 5-7 所示。基于表 5-1 中的交易规则，在 t_1 时刻，$T \in [\mathrm{Bel}(B), \mathrm{Pl}(B)]$ 且 $\mathrm{Pl}(B) - \mathrm{Bel}(B) \leqslant U$，投资者买入看涨货币并持有至 t_2 时刻，t_2 时刻至 t_3 时刻之间，$\mathrm{Pl}(B) < T$ 且 $\mathrm{Pl}(B) - \mathrm{Bel}(B) \geqslant U$，市场态势不明显，投资者结束多头头寸并保持观望状态；在 t_3 时刻，$T \in [\mathrm{Bel}(S), \mathrm{Pl}(S)]$ 且 $\mathrm{Pl}(S) - \mathrm{Bel}(S) \leqslant U$，投资者卖出看跌货币并持续至 t_4 时刻，在 t_4 时刻，$\mathrm{Pl}(S) < T$ 且 $\mathrm{Pl}(S) - \mathrm{Bel}(S) \geqslant U$，投资者终止卖出行为，进

入观望状态。

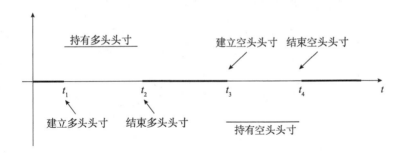

图 5 - 7　交易过程示意图

5.4.2　实证分析

1. 数据资料

外汇交易的本质是不同国家货币之间的兑换，由于并非每个国家的货币均允许自由兑换，因此，在外汇市场上交易的货币是以可以自由兑换货币为基础的，主要有美元、欧元、英镑、日元、瑞士法郎、澳大利亚元等。因此，选取欧元兑美元和英镑兑美元的 2017 年 1 月 2 日至 2018 年 12 月 31 日频率为 1 小时的汇率收盘价数据进行实证检验，数据来自 Meta Trader 4.0 外汇交易平台。交易的初始交易金额是 \$10000，交易费用设为 2 个点差（2bp），采用无杠杆交易。

2. 结果分析

采用上述方法，利用 Matlab 编制程序，分别对两组汇率数据进行实证检验，结果如表 5 - 2、表 5 - 3 所示。表 5 - 2 是利用该方法对 2017 年间隔为 1 小时的汇率数据进行检验；表 5-3 是利用该方法分别对 2018 年间隔为 1 小时的汇率数据进行检验。从两个表中均可发现，仅使用单个指标进行交易时，所获得年收益都比较低，RSI 指标甚至产生了负的年收益。例如，2017 年欧元兑美元的汇率数据，仅利用 RSI 指标判断交易信号，年收益是 - 9.52%。当利用三个指标中任意两个融合后进行投资决策时，交易信号的数目明显减少，但是正确交易率和年收益率都没有太大提高。然而，根据三个指标融合后确定的交易时机和信号进行交易时，扣除交易成本（2 个点差）后，2017 年欧元兑美元的收益可达到 19.13%，要明显高于采用单个技术指标和两个指标融合进行交易时所产生的年均收益，更

表 5 - 2 实证分析结果（2017 年）

2017 年 1 月 1 日—2017 年 12 月 31 日

证据体	欧元兑美元				证据体	英镑兑美元			
	信号数	正确信号数	正确交易率（%）	年收益率（%）		信号数	正确信号数	正确交易率（%）	年收益率（%）
MACD	92	38	41.30	4.93	MACD	93	37	39.78	4.77
RSI	238	71	29.83	-9.52	RSI	232	71	30.86	-6.36
CCI	192	89	46.35	5.41	CCI	197	88	44.67	5.81
MACD&RSI	79	40	50.63	6.24	MACD&RSI	83	39	46.98	5.73
MACD&CCI	88	45	51.13	6.38	MACD&CCI	91	46	50.54	6.76
RSI&CCI	120	57	47.50	6.19	RSI&CCI	122	63	51.63	7.36
MACD&RSI&CCI	45	35	77.77	19.13	MACD&RSI&CCI	44	32	72.72	12.23
Buy&Hold	1	—	—	14.13	Buy&Hold	1	—	—	9.39

注：Buy&Hold 表示买卖持有

表 5 - 3　实证分析结果（2018 年）

2018 年 1 月 1 日—2018 年 12 月 31 日

证据体	欧元兑美元				证据体	英镑兑美元			
	信号数	正确信号数	正确交易率（%）	年收益率（%）		信号数	正确信号数	正确交易率（%）	年收益率（%）
MACD	98	39	39.79	4.92	MACD	97	38	39.17	4.86
RSI	242	71	29.33	-9.18	RSI	238	65	27.31	-9.48
CCI	195	86	44.10	5.16	CCI	199	91	45.72	5.45
MACD&RSI	85	43	50.58	6.17	MACD&RSI	88	42	47.72	5.85
MACD&CCI	88	43	48.86	6.46	MACD&CCI	92	44	47.82	6.02
RSI&CCI	123	54	43.90	6.05	RSI&CCI	124	59	47.58	6.23
MACD&RSI&CCI	45	33	73.33	12.60	MACD&RSI&CCI	48	35	72.91	11.47
Buy&Hold	1	—	—	-4.58	Buy&Hold	1	—	—	-5.60

注：Buy&Hold 表示买卖持有

高于买卖持有策略 14.13% 的年收益率。更进一步，将三个指标证据融合后进行交易时，虽然系统所发出的交易信号个数明显减少，但是产生正确交易信号的比率却大大提高，均高于 70%。交易次数减少，可以降低频繁交易所产生的交易费用，提高收益率。

5.5 本章小结

D-S 证据理论突出的研究重点是源于不同信息源的证据合成，它对不完全信息有较好的处理能力，符合外汇投资交易信息的不完全性和时间序列的非稳态性等特征，对判断交易时机与交易信号具有较好的应用价值。本章提出的基于证据理论的外汇交易策略模型把不同技术指标得到的结果进行合理地融合，融合后的基本概率分配较融合前各单一证据的基本概率分配具有较好的峰值性和可分性，从而提高了结果的可信度，降低了出错的概率。本章的实证检验结果也显示了该方法的有效性和实用性。

根据现有的证据构造基本概率分配函数是证据理论实际应用的难点。本章针对各个证据指标的研判法给出了识别框架上命题的基本概率分配，实现了基本概率赋值的客观化。但对于实际的外汇交易，随着交易的货币对和样本区间的变化，概率分配函数中参数的调整有一定的难度，这将是今后做进一步深入研究的领域。

第6章

基于遗传算法的外汇交易策略研究

6.1 背景

外汇交易中,预测是决策的前提,外汇交易的各种决策都是在预测的基础上做出的。每位投资者都希望准确地对汇率进行预测,进而判断交易信号。对汇率预测的研究多年来一直是国际金融界的一个重要课题。随着计算技术和智能工具的发展,各种研究和预测方法层出不穷,汇率预测的水平和精度也在不断提高,但是要预测汇率在某一时刻的精确值仍然是非常困难的事情[119]。然而,外汇交易中,投资者无须准确预测汇率的精确值,只需正确判断下一时刻汇率的趋势便可根据该时点相对于上时点的汇率变化做出投资决策。当汇市行情的判断与未来市场行情走势一致时,交易者才能获利;否则,会承受亏损。因此,汇市行情的判断是外汇投资的前提。

第5章尝试性地通过证据理论来处理不同技术指标所得交易信号的差异,将不同的指标分析方法作为独立的证据源,利用 Dempster 合成法则对各种方法的结果予以融合,构建了基于证据理论的多指标融合外汇交易模型。研究中指出,基于证据理论的多指标融合最关键、最核心的工作是如何根据现有的证据构造基本概率分配函数,基本概率分配函数的优劣直接影响最后融合决策结果的准确性和有效性。但证据理论中并没有给出基本概率分配函数的一般求法,基本概率赋值的获取是一个与应用密切相关的课题,也是实际应用中最困难的一步。外汇交易中,有些分析性能较好的技术指标恰恰找不到合适的基本概率分配函数，这就使得该方法的应用具有一定的局限性。交易策略模型中技术指标参数的选择，以及各个指标在什么范围取值时，应该发出买入指令；在什么范围取值时，应该发出卖出指令。这些参数的取值都是靠多年来的经验累积，具有很强的主观色彩。因此，如何克服指标参数及指标取值范围选择的经验性是本章的重点。

由于各种金融市场更加动荡不安，单纯依靠个人的手工操作方式已很难适应当今的金融市场，随后出现了许多计算机交易系统。据介绍，在华尔街S&P500企业股票指数上，多数是较大的法人机构以程序进行买卖，从而使得金融交易与计算机的联系越来越紧密。近年来，新出现的人工智能技术（如遗传算法、小波分析、神经网络、混沌理论等）越来越多地应用于金融研究（如风险管理、交易系统、技术分析、资产组合、期权、期货等）领域。其中，遗传算法模仿生物进化的特征吸引了不少关注于交易学习的学者，并将其引入金融市场的交易规则研究中。遗传算法与现代计算机强大的运算能力结合，使金融交易中瞬息万变的诸多因素能够为人所理解并加以利用，使交易者更多地依赖计算机的速度。目前，已经有许多基于遗传算法的软件包应用于金融系统和投资分析中[120]。

将遗传算法用于投资分析中的研究最早可以追溯到 Bauer（1992）[121]，但他们的研究仅利用遗传算法对交易规则进行优化，并没有考虑到金融市场上的诸多约束条件，诸如卖空限制、涨跌停板限制等。而较为贴近实际市场交易情形的进化交易策略研究应当是 Rode（1995）[122]，在他的研究中并没有发现遗传算法优化后的交易策略能够获得显著的收益。而 Olivier（1995）[123] 收集了20年的外汇市场的交易数据，利用遗传算法对基于移动平均法则的交易策略进行优化，结果表明经过优化的交易策略可以更准确地捕捉交易机会。Papadamou（2003）[124] 利用遗传算法在一系列的外汇交易数据中进行了大量研究，结果表明遗传算法要优于其他非适应性的优化工具，并且在收益率的稳定上和样本期要求更少。Hryshko（2003）[125] 利用遗传算法搜索外汇市场上常用的10种技术指标中的某几个指标的组合，将该组合作为最优的交易规则，利用频率为4小时的历史汇率数据做实证分析，结果显示最优指标组合的年收益大概为16.2%。

Neely 等（1997, 1999）[126][127] 利用遗传算法对六种主要的可自由兑换货币进行分析，提出了令人信服的证据，这些证据表明利用遗传算法得到的交易策略可以获得超额回报。Arthur（1997）[128] 的工作为利用遗传算法寻找技术交易模式提供了理论支撑。Allen 和 Karjaleinen（1999）[129] 对 S&P 指数进行分析发现，较之简单的买入持有策略，应用遗传算法得到的技术交易规则可以获得超额回报。Fyfe 等（1999）[130] 也成功地找到了一个交易策略，该策略的收益率同样优于买入持有策略。Fernando（2001）[131] 等利用遗传算法讨论投资策略的参数确定问题，并利用马德里股票市场的数据进行实证分析。

国内将遗传算法应用于金融市场的研究主要集中在以下几个方面：（1）把遗传算法用于证券市场预测，如孟祥泽、何新勇（1997）[132] 将遗传算法结合模糊神经网络用于股市建模和预测；常松、何建敏（2001）[133] 将遗传算法和小波包、神经网络结合用于股票价格预测；周佩玲、陶小丽等（2001）[134] 将基于遗传算法的 RBF 网络用于股票短期预测；胡冰、潘福铮（2003）[135] 将遗传算法用于股票短期投资决策。（2）用遗传算法进行证券投资的策略研究，如李敏强、张俊峰（1998）[136]，王吉吉、顾培亮等（2000）[137] 的工作。（3）应用遗传算法求解证券组合，如任建芬、赵瑞清（2000）[138] 应用随机模拟的遗传算法解决投资组合模型的优化问题；张伟、周群等（2001）[139] 运用遗传算法求解最佳证券投资组合；王硕、唐小我（2002）[140] 建立基于加速遗传算法的组合证券投资决策；张莉、唐万生（2003）[141] 运用遗传算法求解组合投资的整数规划模型。（4）用遗传算法研究证券投资组合的有效边界问题，如黄旭阳（1999）[142]，攀登、吴冲锋（2002）[143]。（5）其他方面，如倪苏云、攀登（2003）[144] 将遗传算法用于基金业绩评价；樊智、张世英（2003）[145] 将遗传算法用于 GARCH 模型的参数估计，并应用中国股票市场数据进行实证分析。

由于遗传算法是一种弱方法，对问题域的信息要求很少，它的高效性和灵活性对于开发投资战略研究非常有效。对于遗传算法在投资上的应用，其主要优点是允许直接检验一个对于金融市场的一般的假设或原理，以一定前提条件为基础。例如，假设收益和宏观经济数据相关，并进一步假设二者相关的形式，然后基于一般的结构去测试大量的可能交易规则，并从中搜索出有利的投资战略（策略）。本章从高频数据的角度重新审视技术指标的有效性，借助遗传算法来寻找基于技术指标的最优交易策略。

6.2 遗传算法概述

6.2.1 遗传算法简介

遗传算法（Genetic Algorithm，GA）起源于对生物系统所进行的计算机模拟研究。美国 Michigan 大学的 Holland 教授及其学生受到生物模拟技术的启发，创造出了一种基于生物遗传和进化机制的适合复杂系统优化的自适应概率优化技术——遗传算法[146]。Holland 教授用遗传算法的思想对自然和人工自适应系统进行研究，提出了遗传算法的基本定理——模式定理（Schema Theorem），并于1975 年出版了第一本系统论述遗传算法和人工自适应系统的专著。随后经过 20 多年的发展，取得了丰硕的应用成果和理论研究的进展。近年来，世界范围形成的进化计算热潮，使遗传算法受到广泛关注。

遗传算法作为一种实用、高效、鲁棒性强的优化技术，发展极为迅速，已经成为人工智能研究的一个重要分支，在函数优化、组合优化、自动控制、机器学习、图形处理、人工生命等领域得到了应用。近年来，遗传算法也开始在金融投资领域得到广泛应用。

6.2.2 遗传算法的基本思想

遗传算法（GA）是模拟生物在自然环境中的遗传和进化过程而形成的一种自适应全局优化概率搜索算法。GA 摒弃了传统的搜索方式，模拟自然界生物进化过程，采用人工进化的方式对目标空间进行随机优化搜索。遗传算法从代表问题可能潜在解集的一个种群（即初始种群）开始，而一个种群则由经过基因编码的一定数目的个体组成。每个个体实际上是染色体带有特征的实体。初始代种群产生后，按照适者生存和优胜劣汰的原理，逐代演化产生越来越好的近似解。在每一代，根据问题域中个体的适应度大小选择个体，并借助于自然遗传学的遗传算子进行组合交叉和变异，产生出代表新的解集的种群。这个过程导致种群像自然进化一样的后生代种群比前代更加适应于环境，末代种群中的最优个体经过解码可以作为问题的近似最优解[147]。

6.2.3　遗传算法的要素

1. 染色体编码

实际问题模型化后，一般表现为对变量的讨论，这可视为遗传算法的表现型形式，从表现型到基因型的映射称为编码，这是遗传算法的基础。编码是应用遗传算法时要解决的首要问题，也是设计遗传算法时的一个关键步骤。遗传算法不是对研究对象直接进行讨论，而是通过某种编码机制把对象统一赋予由特定符号字母按一定顺序排成的串（String），是从染色体着手，染色体则是由基因排成的串。编码方法除了决定个体的染色体排列形式之外，它还决定了个体从搜索空间的基因型变换到解空间的表现型的解码方法，编码方法也影响到交叉算子、变异算子等遗传算子的运算方法。由此可见，编码方法在很大程度上决定了如何进行群体的遗传进化运算及遗传进化运算的效率。常用的编码方法有：二进制编码、格雷编码、浮点数编码、符号编码、多参数级联编码方法等。

2. 初始种群

遗传算法开始之时，首先产生一些待求解问题的可能解，每个解称之为一个个体，所有这些个体构成初始种群。产生初始种群的方法通常有两种，一种是随机产生初始种群；另一种以根据先验知识产生一组满足一定条件的可能解，这样的初始种群可使遗传算法以更快的收敛速度达到最优解。群体中所含个体的数量，一般为 $20 \sim 500$。

3. 适应度函数

优胜劣汰是自然进化的原则。优、劣要有标准。在遗传算法中，用适应度函数描述每一个个体的适应程度。对优化问题而言，适应度函数往往就选为目标函数。引进适应度函数的目的在于可根据其适应度对个体进行评估比较，定出优劣程度，以便进行优胜劣汰的遗传操作。遗传算法在进化搜索过程中基本不利用外部信息，仅以适应度函数为依据，利用种群中个体的适应度值来进行搜索。适应度较高的个体遗传到下一代的概率较大；而适应度较低的个体遗传到下一代的概率相对小一些。因此，适应度函数的选取至关重要，它直接影响遗传算法的收敛速度及能否找到最优解。一般而言，适应度函数由目标函数转换而来[148]。

对于求最大值问题，作下述转换：

$$F(X) = \begin{cases} f(X) + C_{\min}, & \text{if } f(X) + C_{\min} > 0 \\ 0, & \text{if } f(X) + C_{\min} \leqslant 0 \end{cases} \tag{6.1}$$

式（6.1）中，$C_{\min}$ 为一个适当度相对较小的数。

对于求最小值问题，作下述转换：

$$F(X) = \begin{cases} C_{\max} - f(X), & \text{if } f(X) < C_{\max} \\ 0, & \text{if } f(X) \geqslant C_{\max} \end{cases} \tag{6.2}$$

式（6.2）中，$C_{\max}$ 为一个适当度相对较小的数。

遗传算法中，群体的进化过程是以群体中各个个体的适应度为依据，通过一个反复迭代过程，不断地寻求出适应度较大的个体，最终就可得到问题的最优解或近似最优解。

4. 遗传算子

遗传操作算子包括选择（复制）算子、交叉算子、变异算子，分别模仿了自然界生物繁衍、交配和基因突变的过程。

（1）选择，又称复制，是在群体中选择生命力强的个体产生新的群体的过程。遗传算法使用选择算子来对群体中的个体进行优胜劣汰操作；根据每个个体的适应度值大小选择，适应度较高的个体被遗传到下一代群体中的概率较大；适应度较低的个体被遗传到下一代群体中的概率要小。这样就可以使群体中个体的适应度值不断接近最优解。选择操作建立在对个体的适应度进行评价的基础之上。选择操作的主要目的是避免有用的遗传信息丢失，提高全局收敛性和计算效率。选择算子确定的好坏，直接影响遗传算法的计算结果。选择算子确定不当，会造成群体中相似度值相近的个体增加，使得子代个体与父代个体相近导致进化停止不前；或使适应度值偏大的个体误导群体的发展方向，使遗传失去多样性，产生早熟问题。

遗传算法中的选择操作就是用来确定如何从父代群体中按某种方法选取哪些个体遗传到一下代群体中。选择操作分为两步：第一步是确定种群中每个个体的选择概率。个体选择概率的确定一般有两种方法，即按比例的适应度分配和基于排序的适应度分配。选择过程的第二步是确定选择的方法，选择方法一般有轮盘赌选择法、随机遍历抽样法、局部选择法、最佳保留选择法及锦标赛选择法等[149]。

按比例的适应度分配概率定义为

$$P_i = \frac{f_i}{\sum_{k=1}^{N} f_k} \tag{6.3}$$

式中，P_i 为第 i 个个体被选中的概率；f_k 为第 k 个个体的适应度。当个体选择的概率给定后，产生 [0，1] 之间的均匀随机数来决定哪个个体参加交配。若个体的选择概率大，则能被多次选中，它的遗传基因就会在种群中扩大；若个体的选择概率小，则被淘汰。

（2）交叉，又称重组（Recombination），是指对两个相互配对的染色体按某种方式相互交换其部分基因，从而形成两个新的个体。它在遗传算法中起着关键作用，是遗传算法中获得优良个体的重要手段。交叉操作也分为两部分：首先，对选择操作形成的配对按预先给定的交叉概率来决定是否进行交叉，交叉概率一般为 0.4～0.99；其次，在确定需要交叉后，选择合适的方法进行交叉操作。常用的交叉算子有单点交叉、两点交叉、多点交叉、均匀交叉等。

单点交叉是指对父代个体的基因链在同一位置切断，两者进行交叉。假设两父代个体的基因链分别如下，其单点交叉过程如图 6 - 1 所示。

父个体 1　11010110 ┆ **10011**　单点交叉　11010110 ┆ ***11001***　子个体 1

父个体 2　00010011 ┆ ***11001***　⟶　00010011 ┆ **10011**　子个体 2

图 6 - 1　单点交叉示意图

两点交叉为选定父代基因链上的两个位置进行交叉。假设两父代个体的基因链分别如下，则两点交叉操作如图 6 - 2 所示。

父个体1　11010 ┆ **110** ┆ 1001　双点交叉　11010 ┆ ***011*** ┆ 1001　子个体1

父个体2　00010 ┆ ***011*** ┆ 1100　⟶　00010 ┆ **110** ┆ 1100　子个体2

图 6 - 2　两点交叉示意图

（3）变异是指将个体染色体编码串中的某些基因座上的基因值用该基因座的其他等位基因来替换，从而形成一个新的个体。变异操作是遗传算法中一个很重要的操作。它能使个体发生突然变异，导入新的遗传信息，使寻优过程有可能指向未探知区域，是提高遗传算法全局最优搜索能力的有效步骤，也是保持种群中群体差异、防止过早出现收敛现象的重要手段。

变异操作的第一步是对指定个体，按预先给定的变异概率判断是否需要进行变异操作，变异概率一般为 0.0001～0.1；第二步，在确定需要变异后再采用合适的方法对个体进行变异。常用的变异算子有基本位变异、均匀变异、边界变异、非均匀变异等。某个二进制个体的变异操作如图 6－3 所示。

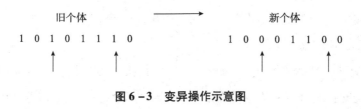

图 6 -3　变异操作示意图

5. 优化准则

优化准则用于确定遗传算法的演化过程何时结束。一般可以采用以下一个或几个准则的组合作为判断条件：

（1）种群中个体的最大适应度超过预先设定值；

（2）种群中个体的平均适应度超过预先设定值；

（3）种群中个体之间的差异性小于某一个设定值；

（4）世代数超过预先设定值，终止进化代数一般取为 50～500。

6.2.4　遗传算法的应用步骤

遗传算法提供了一种求解复杂系统优化问题的通用框架，它不依赖于问题的领域和种类。对一个需要进行优化计算的实际应用问题，一般可按下述步骤来构造求解该问题的遗传算法。

第一步：确定决策变量及其各种约束条件，即确定个体的表现型 X 和问题的解空间。

第二步：建立优化模型，即确定目标函数的类型（是求目标函数的最大值，还是求目标函数的最小值？）及其数学描述形式或量化方法。

第三步：确定表示可行解的染色体编码方法，也即确定个体的基因型及遗传算法的搜索空间。

第四步：确定解码方法，即确定由个体基因型到个体表现型的对应关系或转换方法。

第五步：确定个体适应度的量化评价方法，即确定由目标函数值 $f(X)$ 到个体适应度 $F(X)$ 的转换规则。

第六步：设计遗传算子，即确定选择运算、交叉运算、变异运算等遗传算子的具体操作方法。

第七步：确定遗传算法的有关运行参数，即确定遗传算法的 M、T、p_c、p_m 等参数。

由上述构造步骤可以看出，可行解的编码方法、遗传算子的设计是构造遗传算法时需要考虑的两个主要问题，也是设计遗传算法时的两个关键步骤。对不同的优化问题需要使用不同的编码方法和不同操作的遗传算子，它们与所求解的具体问题密切相关，因而对所求解问题的理解程度是遗传算法应用成功与否的关键[150]。

6.3　技术指标分析

根据技术指标使用的原则及所研究问题初始种群编码的切实可行性，本书试图选择一些经典的指标，如相对强弱指标（Relative Strength Index，RSI）、乖离率指标（BIAS）、变动率指标（Rate of Change，ROC）。利用遗传算法来选择指标及其参数的最优组合，根据最优交易规则进行外汇交易。

6.3.1　移动平均线

移动平均线（Moving Average，MA）是用统计方法，将若干天的市场价格加以平均而连接成的一条线。所谓"移动"指的是在计算中始终采用最近 M 天的价格数据。移动平均线实质上是一种追踪趋势的工具，它的基本思路是消除偶然因素的影响，对价格短期变化进行平滑。移动平均线的目的就是识别和显示旧趋势已经终结或反转，新趋势正在萌生的关键契机。

根据平均线构成方法的不同，移动平均线有以下三种类型：简单移动平均（Simple Moving Average，SMA）、加权移动平均（Weighted Moving Average，

WMA）和指数加权移动平均（Exponentially Weighted Moving Average，EWMA），本书采用 EWMA，其基本公式为

$$\mathrm{EWMA}_M = \frac{P_M + \alpha P_{M-1} + \alpha^2 P_{M-2} + \cdots + \alpha^{M-1} P_1}{1 + \alpha + \alpha^2 + \cdots + \alpha^{M-1}}, \quad 0 < \alpha < 1 \quad (6.4)$$

式中，$\{P_1, P_2, \cdots P_M\}$ 为价格序列。

6.3.2 相对强弱指标

相对强弱指标（Relative Strength Index，RSI）是摆动类指标，该类指标分析研究市场的极端状态，针对市场极端状态研究的理论是"相反意见"理论。"相反意见"理论主要通过分析交易者的心理来预测市场的价格走势。该理论认为，当绝大多数人看法一致时，他们一般是错误的一方，因而，正确的选择就是确定大多数人的行为，然后反其道而行之。

$$\mathrm{RSI}[\%] = \frac{|U|}{|U| + |D|} \times 100 \quad (6.5)$$

式中，$|U|$ 为过去 n 天内价格上涨幅度的绝对值之和；$|D|$ 为过去 n 天内价格下降幅度的绝对值之和。RSI 的值介于 0 到 100 之间，RSI 的应用原则为：当 RSI < 30 时，一般认为价格下跌幅度已深，市场超卖，建议投资者买进；当 RSI > 70 时，一般认为价格上涨幅度已高，市场超买，建议投资者卖出。

6.3.3 乖离率

乖离率（Bias Ratio，BIAS）又称偏离率，是由移动平均原理派生出的一项技术分析指标，主要用于测算价格在波动过程中与移动平均的偏离程度。一旦价格远离移动平均线，价格就必然向移动平均线回归。正如经济学中描述的：价格是价值的表现形式，价格又围绕着价值上下波动。乖离率能精确地显示价格偏离移动平均的程度，因此，利用乖离率数值大小能很准确地判断出价格波动的顶部与底部。

$$\mathrm{BIAS}[\%] = \frac{P_t - \mathrm{MA}}{\mathrm{MA}} \times 100 \quad (6.6)$$

式中，P_t 为市场在 t 时刻的价格；MA 表示市场所处时刻的移动平均值。该指标描述了价格偏离移动平均线的程度，和 RSI 指标一样，属于摆动类指标。外汇交易市场上，BIAS 的应用原则为：当 BIAS < −0.5% 时，市场处于超卖状态，建议投资者买进；当 BIAS > 0.5% 时，市场处于超买状态，建议投资者卖出[151]。

6.3.4 变动率指标

ROC（Rate of Change，ROC）指标又称变动率指标，是由查拉尔·阿佩尔（Gerald Apple）和弗雷德·海期尔（Fred Hitschler）共同创造的，是一种重点研究价格变动动力大小的中短期技术分析指标。

$$\text{ROC} \left[\% \right] = \frac{P_t - P_{t-1}}{P_{t-1}} \times 100 \tag{6.7}$$

ROC 指标是利用物理学上的加速度原理，以当前周期的收盘价和 n 周期前的收盘价做比较，通过计算价格在某一段时间内收盘价变动的速率，应用价格的波动来测量价格移动的动量，衡量多空双方买卖力量的强弱，达到分析预测价格的趋势及是否有转移意愿的目的。

价格变动率指标（ROC）显示了当期价格与前期价格相比，价格上涨或者下降的百分比。ROC 通过测度价格在指定期间的变化量以摆动指标的形式来显示价格的波浪运动。价格上升时，ROC 也上升；价格下跌，ROC 也下跌。价格变化越大，ROC 的变化也越大。ROC 越高，货币越超买，ROC 越低，上涨的可能性越大[152]。

6.4 基于遗传算法的外汇交易策略框架

基于遗传算法的外汇交易策略流程如图 6 − 4 所示。一般地，将历史汇率数据作为学习训练数据，通过遗传算法搜索能产生最高收益的买规则和卖规则。这些规则由指标和指标参数组成，是遗传算法种群中的个体。训练过程完成之后，将获得的最优规则应用于测试数据集，验证最优交易规则的效率。

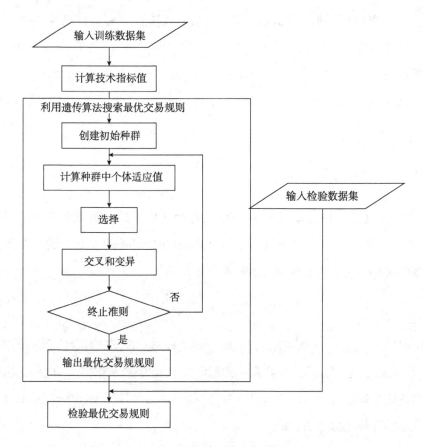

图 6 - 4 基于遗传算法的交易策略流程图

6.4.1 输入训练数据集

本书使用的数据集为主要货币对 EUR/USD、GBP/USD 的汇率历史收盘价数据，频率是 60 分钟，交易系统每隔 1 小时分析一次交易信号。

6.4.2 计算技术指标

针对上述训练汇率数据集，分别计算各个时刻汇率所对应的技术指标值。其中 RSI_1 如式（6.5）所示；BIAS 如式（6.6）所示；ROC 如式（6.7）所示，指当前汇率相对于 1 小时之前上升或下降的比率；RSI_2 表示对指数加权移动平均计算其相对强弱指标值。一般地，前 3 个指标属于相反类型，而第 4 个指标是对当前趋势计算相对强弱值，所以 RSI_2 可以理解为趋势类型。

6.4.3　最优交易规则模型求解

下面给出利用遗传算法寻找买卖最优交易规则的具体步骤。

1. 创建初始种群中个体

本书中，初始种群的大小设为200，即种群中个体数目。由于种群中个体的编码方式是设计遗传算法成功与否的关键，针对所研究的具体问题，规则中技术指标和指标参数取值范围，种群中的个体采用二进制多参数级联编码[153-155]，个体由 3 部分组成，如图 6-5 所示。

55bits	55bits	1bit	1bit	1bit	5bits
买规则	卖规则	逻辑符号	逻辑符号	逻辑符号	分类器

5bits	5bits	5bits	5bits	5bits	5bits	5bits	5bits
RSI1下限	RSI1上限	BIAS下限	BIAS上限	ROC下限	ROC上限	RSI2下限	RSI2上限

	5bits	5bits	5bits
...	RSI参数	EWMA参数	EWMAα

图 6-5　个体编码示意图

表 6-1 显示的是交易规则应满足的条件方程，表中的参数 $c_1 \sim c_8$ 分别对应图 6-5 中各个指标的上下限取值，表中的 Op.1，Op.2，Op.3 表示逻辑符号 "and" 或者 "or"。

表 6-1　条件方程

A	$\{(c_1 < \mathrm{RSI}_1 < c_2)\ \mathrm{Op.1}\ (c_3 < \mathrm{BIAS} < c_4)\}\ \mathrm{Op.2}\ \{(c_5 < \mathrm{ROC} < c_6)\ \mathrm{Op.3}\ (c_7 < \mathrm{RSI}_2 < c_8)\}$
B	$\{(c_1 < \mathrm{RSI}_1 < c_2)\ \mathrm{Op.1}\ (c_5 < \mathrm{ROC} < c_6)\}\ \mathrm{Op.2}\ \{(c_3 < \mathrm{BIAS} < c_4)\ \mathrm{Op.3}\ (c_7 < \mathrm{RSI}_2 < c_8)\}$
C	$\{(c_1 < \mathrm{RSI}_1 < c_2)\ \mathrm{Op.1}\ (c_7 < \mathrm{RSI}_2 < c_8)\}\ \mathrm{Op.2}\ \{(c_3 < \mathrm{BIAS} < c_4)\ \mathrm{Op.3}\ (c_5 < \mathrm{ROC} < c_6)\}$

下面详细介绍个体的编码方式。通常一个字符串由各个变量 x_1，x_2，…，x_n 按顺序组成。各个变量所占位数由所要求的精度具体确定。如图 6-5 所示，用 55 个二进制位表示买规则，然后将这 55 个二进制位平均分成 11 组，每组包含 5 个二进制位。这 5 个二进制位可表示 32 个数值中的一个，这 32 个数值就是该组取值的最大值和最小值之间的可能值。前 8 组（40 位）代表上述 4 个指标的上下限，每 5 个二进制位代表一个限值。如果 4 个指标的当前值就在此范围内，显

示买信号。最后 3 组（15 位）代表指标中的参数取值。

接下来的 55 位表示卖规则，卖规则的组成方式与买规则相同。后 8 位用来表示决定交易时机的交易规则。前面 3 位是逻辑符号"and"或者"or"。后面 5 位用来决定针对某一训练规则，A、B 和 C 哪一个被遗传算法选中作为最优交易规则。如果这个规则的评估值是"TURE"，则交易执行；否则，表示该段时间内不执行交易。

2. 计算适应度

针对每一时间段的训练数据，寻找该时段对应的最优交易规则是优化的最终目标。然而，衡量一个交易规则是否是最优的标准是该规则对应的投资收益最大。因此，在具体的遗传算法中，直接采用规则对应的投资收益作为适应度函数。

3. 选择运算

采用联赛选择（Tournament Selection）算子是一种基于个体适应度之间大小关系的选择方法。其基本思想是每次选取几个个体之中适应度最高的一个个体遗传到下一代群体中。联赛选择中，每次进行适应度大小比较的个体数目称为联赛规模[156]。此处联赛规模取值为 50。除此之外，为了保留高适应度的个体，适应度值排名前 1% 的个体自动保留下来。另外，适应度值排名在后 30% 的个体被随机产生的新个体取代，如图 6-6 所示。

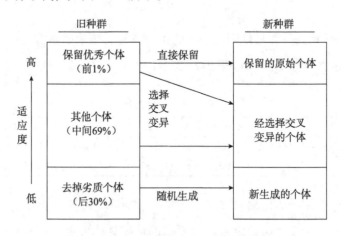

图 6-6 新种群生成过程示意图

4. 交叉和变异

本书采用两点交叉算子，交叉概率为 60%。变异运算的概率设为 1%。代沟取值为 0.9。重组后采用两点交叉，经过变异运算后获得新的种群[157]。

5. 终止条件

算法的终止条件可以取某个固定的进化代数，一般为 50 ~ 100，或者最好个体的适应度值连续 10 次不再提高，这个最好的个体即为优化后的交易规则。

重复上述过程，直到遗传代数达到算法设定的数值，本算例中设置为 100 代。

投资过程的详细流程如图 6 - 7 所示。每隔 1 小时，系统检查表 6 - 2 条件方程中各个技术指标的当前值。如果在时刻 t 所计算的指标值满足买规则或者卖规则，则交易系统就买外汇或者卖外汇。如果在同一时点，有两个方程同时满足条件，则该个体无效，此时该个体的适应度值自动置为 0。

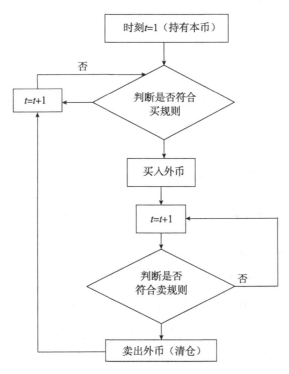

图 6 - 7　投资过程流程图

6.5　实证检验

6.5.1　数据资料

同样地，选取欧元兑美元和英镑兑美元的 2017 年 1 月 2 日至 2018 年 12 月 31 日频率为 1 小时的汇率收盘价数据进行实证检验，数据来自 Meta Trader 4.0 外汇交易平台。为了分离训练数据集和检验数据集，采用滚动窗口，训练数据集长度是 6 个月，检验数据集长度是 3 个月。在每个后续试验中，训练集和检验集每次均向前移动 3 个月，如图 6 – 8 所示。

图 6 – 8　训练和检验方法示意图

6.5.2　初始资本

分别针对上述两种货币进行独立投资，假定初始资本均为 $10000。

6.5.3　交易费用

根据外汇市场的特点，交易费用均设为两个点差（2bp），采用无杠杆交易。

6.5.4　实证结果分析

1. 最优交易规则分析

以 2017 年 1 月至 2017 年 6 月，频率间隔为 1 小时的汇率数据作为训练数据集，利用上述方法选择该区间内的最优交易规则，如表 6 – 2、表 6 – 3 所示。从表 6 – 2 中可以看出，该区间选出的最优交易买规则满足表 6 – 1 中的条件方程 B，最优卖规则满足表 6 – 1 中的条件方程 A。进一步分析，该时段的最优买规则中 RSI2 的取值范围是 [17.71 27.12]，而不是经验上认为的 [0 30]，这样可以减少交易的次数，提高交易信号的准确率。再者，针对 GBP/USD 货币对，1 小时的频率间隔，RSI 的最优参数是 24，而不是大家习惯上认为的 9 或者 14。实证分析验证了随着汇率交易数据的变化，要想获得更高的投资收益，技术指标的参数也应随之做相应的调整。利用训练数据集（2017 年 1—6 月）搜索到的最优交易规则，在该训练数据集的收益为 19.21%，而买卖持有策略的收益仅为 5.49%。下一步，测试算法找到的最优交易规则的性能。将搜索到的最优交易规则，用于后 3 个月（2017 年 7—9 月）的检验数据集。实证结果显示，后 3 个月所获得收益为 8.09%，而后三个月买卖持有策略的收益为 3.74%。所以，在实际投资操作中，对于股票交易或者外汇交易，无论是日交易数据还是频率更高的交易数据，一味地使用经验数据是有很大缺陷的。

表 6 - 2　最优交易规则示例（买规则，英镑兑美元，训练时段：2017 年 1 月—6 月）

最优交易规则	
$\{~(15.2\% < \text{RSI}_1 < 27.3\%)~\|\|~(-3.77\% < \text{ROC} < -1.59\%)\}~\&\&$ $\{~(-1.22\% < \text{BIAS} < -0.67\%)~\&\&~(17.71\% < \text{RSI}_2 < 27.12\%)\}$	
RSI 的时间参数取值	24 小时
EWMA 的时间参数取值	13 小时
EWMA 的权重 α 的参数取值	0.59

表 6 - 3　最优交易规则示例（卖规则，英镑兑美元，训练时段：2017 年 1—6 月）

最优交易规则	
$\{~(74.12\% < \text{RSI}_1 < 83.98\%)~\|\|~(0.71\% < \text{BIAS} < 3.34\%)\}~\&\&$ $\{~(0.39\% < \text{ROC} < 0.58\%)~\&\&~(81.37\% < \text{RSI}_2 < 90.46\%)\}$	
RSI 的时间参数取值	17 小时
EWMA 的时间参数取值	12 小时
EWMA 的权重 α 的参数取值	0.29

2. 算法性能分析

图 6 - 9 和图 6 - 10 分别为英镑兑美元、欧元兑美元的汇率数据对应的进化过程示例图。图中横轴表示进化代数，纵轴表示适应度（收益率）。图中的实线表示各代的最大收益率，虚线表示各代的平均收益率。

从两个图中均可以看出，在解的进化过程中，群体中个体适应度（本问题中采用个体对应规则进行交易所获得的收益率）的最大值和平均值虽然有上下波动的情况，但总的来说还是呈现出一种上升的趋势，该模型算法比较稳健地实现了最优规则的收敛。当模型算法迭代到 60～80 代的时候，两种汇率基本上都搜索到了最优的交易规则。从算法的计算性能来看，图中的结果足以证明遗传算法的优良计算性能。

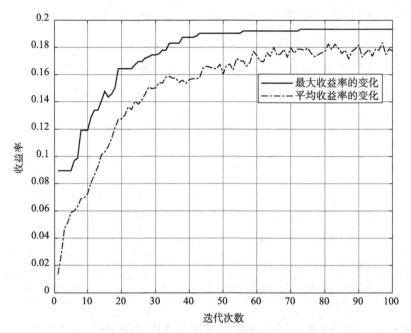

图 6 - 9　100 次迭代后各代最优交易规则对应的最大收益和

平均收益的变化曲线图（英镑兑美元）

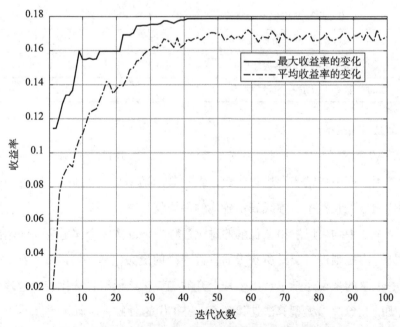

图 6 - 10　100 次迭代后各代最优交易规则对应的最大收益和

平均收益的变化曲线图（欧元兑美元）

3. 年收益率对比分析

为了验证 GA 方法的实际投资效果，分别考察欧元兑美元、英镑兑美元
（2017—2018 年）的投资收益。针对每一种汇率数据分别做实证检验，将每 6 个月
寻找到的最优交易规则应用到随后 3 个月的检验数据集，计算其年收益率，结果
如表 6 - 4 所示。从表中第一行可以看到，基于 GA 方法的年收益率都在 20% 以
上，远远高于买卖持有策略的收益。并且，基于 GA 方法的年收益率比基于 D - S
方法所产生的年收益率还高 7 ～ 14 个百分点。

表 6 - 4　三种方法的年收益率对比分析表　　　　　单位：%

方法	欧元兑美元		英镑兑美元	
	年收益率（2017 年）	年收益率（2018 年）	年收益率（2017 年）	年收益率（2018 年）
基于 GA 方法	28.88	26.91	22.29	25.43
基于 D - S 方法	19.13	12.60	12.23	11.47
Buy&Hold 方法	14.13	-4.58	9.39	-5.60

通过图 6 - 11 和图 6 - 12 的对比分析，可以看到基于遗传算法的外汇交易规
则要明显优于基于 D - S 证据理论所产生的交易规则。分析其原因大致有两点：
第一，基于 D - S 证据理论的交易规则中，指标时间参数的选择是按经验值选取
的，在基于 GA 的方法中已经发现，随着汇率数据时间频率的不同，指标中比较
合适的时间参数未必是经验值；第二，基于 D - S 证据理论的交易规则中，在构

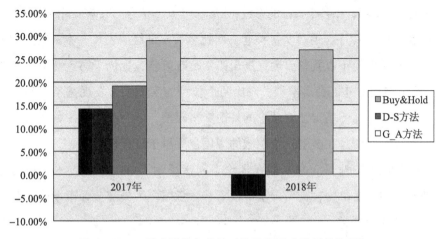

图 6 - 11　三种方法的年收益对比示意图（欧元兑美元）

造证据个体对应的基本概率分配函数时，也需要估算概率分配函数中的参数，该参数的选取是通过大量实验选择的，有一定的误差。

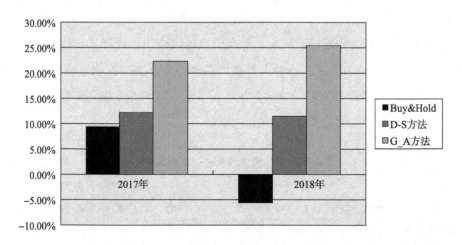

图6-12 三种方法的年收益对比示意图（英镑兑美元）

6.6 本章小结

本章基于人工智能算法中颇具优化搜索能力的遗传算法，针对外汇市场中的高频交易特征，提出并构建了基于遗传算法的外汇交易模型。同大多数现有研究方法不同的是，本章在利用遗传算法搜索最优交易规则时，不是利用算法在众多的技术指标中选择几个指标，然后将这些指标的组合作为最优规则；而是根据汇率数据的变化，利用算法适时地对组合中各个指标的参数和指标发出交易信号的取值区间做相应调整。

编制 Matlab 程序，通过实证检验，对比分析实证结果发现，本章创建的最优交易规则所获得的年收益率要远远高于买卖持有策略，也优于第 5 章中构建的基于 D-S 证据理论外汇交易模型。对比两个模型的实效性，发现基于遗传算法的外汇交易模型要高于基于证据理论的外汇交易模型，因为前者是一种比较成熟的人工智能算法，而且在金融投资领域的应用也要早于证据理论。

本章所提出的外汇交易模型在理论上间接证明了外汇市场技术分析的有效性，在实践的角度也为投资者提供了投资参考依据，为当前金融市场中比较流行的算法交易增光添彩。

第7章

总结与展望

7.1 研究内容及结论

技术分析，作为金融分析中的重要组成部分，其手段随着信息技术的发展被不断地注入新的理论支持。几十年来，批评者与支持者针锋相对的理论斗争，不仅使技术分析成为金融投资领域引人注目的焦点，更极大地推动了技术分析本身的发展。特别是在信息技术快速发展的今天，新技术、新理论的应用使技术分析得到了空前的发展。

外汇市场作为当今最大的金融市场，是目前国际上的重要投资场所。与股票、债券等其他金融市场相比，外汇市场有着独有的特征，如24小时循环交易、T+0的交易方式、高投机性、较低的交易佣金、巨大的波动性，这些都使外汇市场的日交易量远远高于其他金融市场成交量的总和。无论是外汇市场还是股票市场，投资者采用的投资分析方式，一般来说包括两种：基本面分析和技术分析。基本面分析比较擅长对金融市场的长期趋势进行把握，而技术分析则更适合分析市场的短期波动。

本书基于人工智能算法建立的外汇交易策略是针对日内高频交易的，所以更适合选择技术分析方法。然而，技术分析方法在外汇市场是否有效呢？国内外有关技术分析有效性的研究，无论是"早期"的还是"现代"的实证研究大都是针对股票市场，分析外汇市场有效性的研究还比较少。所以，本书首先要对外汇市场上技术分析的效率进行研究。在此基础上，再建立基于人工智能算法和技术指标的高频外汇交易策略。

7.1.1 复杂技术形态信息含量研究

技术分析多年来为学者们诟病，认为它缺乏完整的逻辑基础，无法通过简单的逻辑检测。但是，Lo、Mamaysky 和 Wang 2000 年发表的关于技术分析的开创性研究使技术分析重新成为金融学界关注的目标。他们首次运用规范的统计方法，研究了股票市场上技术形态的信息含量问题。该方法在统计思想上十分自然合理，经济含义明显，这在技术分析的研究领域是非常大的创新，但也有不足之处。

针对 Lo 等（2000）的不足，结合市场上技术形态形成的真实状况，本书在此研究的基础上做了改进。主要工作是对 Lo 等（2000）提出的技术形态定义进行了改进和完善。根据经典技术分析手册的说明，在 Lo 等（2000）的原有定义中增加了"突破"的概念，使技术形态的定义更加符合金融实业界的标准，并将该方法创新性地应用到外汇交易市场上。经过大量的实证分析工作，发现了某些技术形态确实可以提供显著的信息含量，从而间接证明了技术分析在外汇市场上的应用价值。

7.1.2 交易策略研究

本书第 3 章研究了传统宏观汇率模型检验的实效及外汇市场的效率。无论是从理论模型的角度还是实证检验分析的角度，结论都显示传统汇率理论的解释能力十分低下，尤其对短期内的汇率变化，预测能力甚至连简单的随机游走模型都不如，这就使得宏观汇率模型对外汇高频数据的预测基本是无效的。投资为了获得超额投资收益，不得转而依靠其他的投资决策方法。此时，人们将目光转向了在金融投资领域慢慢兴起的人工智能算法。因此，本书借助智能算法建立了基于技术指标的外汇交易策略。

第一，考虑到技术分析的特点和金融市场存在诸多不确定因素，以及证据理论处理数据融合和不确定问题方面的优点，尝试通过证据理论来处理不同技术指标所得结论的差异，将不同的技术指标分析方法作为独立的证据源，利用 Dempster 合成法则对各种方法的结果予以融合，提出了基于 D – S 证据理论的外汇交易策略。

第二，针对 D – S 方法交易策略中存在的不足，如（1）规则中技术指标参数的选择有很大的经验性；（2）个体证据指标对应的基本概率分配函数难以确定；（3）实际投资应用中的不便利性，又尝试借助遗传算法来寻找具有自适应能力的外汇交易策略。随着系统中训练数据和检验数据的适时变化，最优交易规则中指标的参数也随之进行相应的调整。基于遗传算法的外汇交易规则具有较强的时效性，这使得交易策略更加接近市场真实交易。本书丰富了投资策略的内容，使得人工智能算法在外汇金融市场的应用又迈进了一步。

7.2 未来研究展望

本书针对外汇市场，在复杂技术形态的信息含量研究、外汇市场的高频交易策略研究方面都得到了一些有价值的成果和结论。但是，由于研究问题的复杂度较大，并且涉及金融学、统计学、信息技术等多个学科，限于笔者知识的局限性和写作时间等，如下方面值得我们在未来进行更为深入的研究。

7.2.1 技术分析的理论基础研究

技术分析是一门古老而又崭新的学问，从产生到现在已有超过百年的应用历史，在投资实务界更是得到了极为广泛的应用，并且对新古典金融理论的基本假设形成了实质性的冲击。实际投资操作中，投资者将技术分析与基本面分析作为两种重要的投资分析方法。其中，基本面分析被金融学术派认可，但是他们对技术分析却持怀疑态度。究其原因主要是技术分析缺少扎实的理论背景。

具体到外汇市场，目前外汇交易市场的投资技术研究有三个大的分支。第一，从传统宏观汇率模型角度出发的基本面分析；第二，从微观结构角度出发的外汇市场微观结构研究；第三，从市场经验分析角度出发的技术分析研究。其中，基本面分析和微观结构分析都是以经济学作为其理论基础的；而技术分析却缺少坚实的理论背景。因此，未来对技术分析的研究应着眼于建立能够准确刻画技术分析的理论模型，这样对技术分析提供的理论支持才更加直接和有说服力。

7.2.2　实证应用研究方面

尽管利用证据理论和遗传算法获得的高频交易规则被证实了具有一定的盈利能力，外汇市场的实证研究也已经取得了积极的证据。但是，同真实的市场交易环境相比仍有很多地方需要改进。在这种情况下，交易规则盈利能力的未来研究仍需要解决以下关键问题：

（1）将交易成本充分考虑进去后，交易规则是否仍然能获利？

（2）在技术分析实战中，除了准确判断买点和卖点外，一个好的交易策略还必须设立止盈、止损点，并对交易头寸进行调整。在大多数专业投资者看来，后者甚至更重要。止损点的设立和头寸调整过程实际上就是一个优化过程；

（3）应考虑市场微观结构因素，如指令流、订单流等对交易规则的影响；

（4）寻找可以利用的"实时"信息集，包括公共信息和私有信息及获取这些信息的成本；

（5）建立任何特定时刻的预测模型集，模型包含估计方法等。

不难发现，优化技术、计算机技术、统计学的飞速发展为大规模数据的分析、处理和提取提供了理论和技术上强有力的支持。同时，新技术和新理论的诞生和发展，又为金融研究和技术分析的发展开辟了新思路，提供了新工具。人工智能技术、图形识别技术、生物遗传技术、工程控制技术等在金融技术分析中的广泛应用让人们看到了技术分析的发展趋势，必然沿着结合最新的信息科学技术和基于跨学科技术的综合应用研究方向发展。

参 考 文 献

[1] Kim K. Overview of electronic and algorithmic trading, electronic and algorithmic trading technology: the complete guide [M]. United Kingdom: Academic Press (Elsevier Inc.) , 2007: 6.

[2] Poole W. Speculative prices as random walks—an analysis of ten time series of flexible exchange rates [J]. Southern Economic Journal, 1967 (33): 468-478.

[3] Logue D E, Sweeney R J. White- noise in imperfect markets: the case of the Franc/Dollar exchange rate [J]. Journal of Finance, 1977 (32): 761-768.

[4] Cornell W B, Dietrich J K. The efficiency of the market for foreign exchange under floating exchange rates [J]. Review of Economics and Statistics, 1978 (60): 111-120.

[5] Logue D E, Sweeney R J, Willett T D. The speculative behavior of foreign exchange rates during the current float [J]. Journal of Business Research, 1978 (6): 159-174.

[6] Dooley M P, Shafer J R. Analysis of short- run exchange rate behavior: March 1973 to September 1975 [Z]. Intl' Finance Dissussion Paper 123, FRB, Washington, D. C. , 1983: 21-60.

[7] Sweeny R J. Beating the foreign exchange market [J]. Journal of Finance, 1986 (41): 163-182.

[8] Fama E F, Blume M E. Filter rules and stock market trading [J]. Journal of Business, 1966 (39): 226-241.

[9] Lee C I, Mathur I. A comprehensive look at the efficiency of technical trading

rules applied to cross- rates ［J］. European Journal of Finance, 1996 (2):
389-411.

［10］ Olson D. Have trading rule profits in the currency markets declined over time?
［J］. Journal of Banking and Finance, 2004 (28): 85-105.

［11］ Menkhoff L, Schlumberger M. Persistent profitability of technical analysis on for-
eign exchange markets? ［J］. Banca Nazionale Del Lavoro Quarterly Review,
1997 (193): 189-216.

［12］ Lee C I, Mathur I. Trading rule profits in European currency spot cross- rates
［J］. Journal of Banking & Finance, 1996a, 20: 949-962.

［13］ Maillet B, Michel T. Further insights on the puzzle of technical analysis profit-
ability ［J］. European Journal of Finance, 2000 (6): 196-224.

［14］ Lee C I, Gleason K C, Mathur I. Trading rule profits in Latin American curren-
cy spot rates ［J］. International Review of Financial Analysis, 2000 (10):
135-156.

［15］ Lee C I, Pan M, Liu Y A. On market efficiency of Asian foreign exchange rates:
evidence from a joint variance ratio test and technical trading rules ［J］. Journal
of International Financial Markets, Institutions and Money, 2001 (11):
199-214.

［16］ Martin A D. Technical trading rules in the spot foreign exchange markets of devel-
oping countries ［J］. Journal of Multinational Financial Management, 2001
(11): 59-68.

［17］ Brock W, Lakonishock J, LeBaron B. Simple technical trading rules and the sto-
chastic properties of stock returns ［J］. Journal of Finance, 1992 (47):
1731-1764.

［18］ LeBaron B. Technical trading rules and regime shifts in foreign exchange［Z］.
Working Paper, University of Wisconsin, Social System Research Institute,
1999: 421-426.

［19］ Raj M. Transactions data tests of efficiency: an investigation in the Singapore fu-
tures markets ［J］. Journal of Futures Markets, 2000 (20): 687-704.

［20］ Neely C J. The temporal pattern of trading rule returns and exchange rate inter-
vention: intervention does not generate technical trading profits ［J］. Journal of
International Economics, 2002 (58): 211-232.

［21］ Saacke P. Technical analysis and the effectiveness of central bank intervention
［J］. Journal of International Money and Finance, 2002 (21): 459-479.

［22］ Sapp S. Are all central bank interventions created equal? An empirical investiga-
tion ［J］. Journal of Banking & Finance, 2004 (28): 443-474.

［23］ Karjalainen R, Allen F. Using genetic algorithms to find technical trading rules
［J］. Journal of Financial Economics, 1999 (51): 245-271.

［24］ Neely C J, Weller P A, Dittmar R. Is Technical analysis profitable in the foreign
exchange market? A genetic programming approach ［J］. Journal of Financial and
Quantitative Analysis, 1997 (2): 405-426.

［25］ Neely C J, Weller P A. Technical trading rules in the European monetary system
［J］. Journal of International Money and Finance, 1999 (18): 429-458.

［26］ Neely C J, Weller P A. Technical analysis and central bank intervention ［J］.
Journal of International Money and Finance, 2001 (20): 949-970.

［27］ Neely C J. Risk-adjusted, Optimal technical trading rules in equity markets ［J］.
International Review of Economics and Finance, 2003 (12): 69-87.

［28］ Hryshko A, Downs T. System for foreign exchange trading using genetic algo-
rithms and reinforcement learning ［J］. Journal of Systems Science, 2004, 35
(13): 763-774.

［29］ Dempster M A H, Austin M P, Bates R G. Evolutionary reinforcement in FX or-
der book and order flow analysis ［J］. Quantitative Finance, 2004 (7): 4-6.

［30］ Gençay R. Linear, non-linear and essential foreign exchange rate prediction with
simple technical trading rules ［J］. Journal of International Economics, 1999
(47): 91-107.

［31］ Sosvilla-Rivero S, Andrada-Félix J, Fernández-Rodríguez F. Further evidence
on technical trade profitability and foreign exchange intervention ［J］. Applied E-
conomics Letters, 2002 (9): 827-832.

［32］Fernández-Rodríguez F, Sosvilla-Rivero S, Andrada-Félix J. Technical analysis in foreign exchange markets: evidence from the EMS ［J］. Applied Financial Economics, 2003 (13): 113-122.

［33］Curcio R, Goodhart C, Guillaume D, et al. Do technical trading rules generate profits? Conclusions from the intra-day foreign exchange market ［J］. International Journal of Finance and Economics, 1997 (2): 267-280.

［34］Chang P H K, Osler C L. Methodical madness: technical analysis and the irrationality of exchange-rate forecasts ［J］. Economic Journal, 1999 (109): 636-661.

［35］Guillaume D M. Intradaily exchanges rate movements ［M］. Boston, MA: Kluwer Academic Publishers, 2000: 33-75.

［36］Osler C L. Support for resistance: technical analysis and intraday exchange rates ［J］. Economic Policy Review, 2000 (6): 53-65.

［37］Lucke L P, Brorsen B W. Head-and-shoulders: technical analysis ［J］. Financial Review, 2003 (25): 593-622.

［38］赵延武. 从会计角度对我国企业外汇风险管理的研究 ［D］. 湖南: 中南大学, 2004: 21-40.

［39］魏强斌. 外汇交易进阶 ［M］. 北京: 经济管理出版社, 2008: 18-28.

［40］Krugman P R, Obstfeld M. International economics (Six Edition) ［M］. 北京: 清华大学出版社, 2004: 19-45.

［41］肖正峰. 外汇市场微观结构理论浅析 ［J］. 沿海企业与科技, 2006, 14 (1): 89-91.

［42］季峥. 外汇交易进阶 ［M］. 北京: 中国经济出版社, 2010.

［43］陈展鹏. 外汇市场技术分析 ［M］. 广东: 广东经济出版社, 2005: 33-59.

［44］Murphy J J. Technical analysis of the financial markets: a comprehensive guide to trading method and application ［M］. Englewood: Prentice Hall Press, 1999: 61-160.

［45］黄柏中. 技术分析原理 ［M］. 北京: 经济科学出版社, 2004: 4-32.

［46］唐国兴, 徐剑刚. 现代汇率理论及模型研究 ［M］. 北京: 中国金融出版社, 2003: 10-70.

[47] Frankel J. A monetary approach to the exchange rate: Doctrinal aspects and empirical Evidence [J]. Scandinavian Journal of Economics, 1976 (78): 210-224.

[48] Bilson J. The monetary approach to the exchange rates: some empirical evidence [Z]. IMF Staff Paper, 1978 (25): 48-75.

[49] Dornbusch R. Monetary policy under exchange rate flexibility, in Managed exchange rate flexibility: the recent evidence [Z]. Federal Reserve Bank of Boston, 1979.

[50] Frankel, Jeffrey A. Monetary and portfolio balance models of the determination of exchange rates [J]. International Economic Policies & Their Theoretieal Foundations, 1993a: 95-116.

[51] Frankel, Jeffrey A. The mystery of the multiplying marks: a modification of the monetary model [J]. Review of Economics & Statistics, 1982a, 64 (4): 15-19.

[52] Driskell, Robert A. Exchange-rate dynamics: an empiricalinvestigation [J]. Journal of Political Economy, 1981.

[53] Backus, David K. Empirical models of the exchange rate: separating the wheat from the chaff [J]. Canadian Journal of Economics/revue Canadience Deconomique, 1984, 17 (4): 824-846.

[54] Meese R, Rogoff K. Was it real? The exchange rate-interest differential relationship over the modern floating-rate period [J]. Journal of Finance, 1988, 43 (4): 933-948.

[55] Edison hali J, Dianne P B. A Reassessment of relationship between real exchange rates and real interest rates: 1974—1990 [J]. Journal of Monetary Economics, 1993, 31 (2): 165-187.

[56] Baxter M, Stockman, Alan C. Business cycles and the exchange rate regime: some international evidence [J]. Journal of Monetary Economics, 1989, 23 (3): 377-400.

[57] Macdonald R, Taylor, Mark P. The monetary approach to the exchange rate: rational expectations, long-run equilibrium, and forecasting [J]. Staff Papers, 1993, 40 (1): 89-107.

［58］ Flood, Robert P, Rose, Andrew K. Fixing exchange rates: a virtual quest for fundamentals ［Z］. Centre for Economic Policy Research Discussion Paper No. 838, 1993: 21-26.

［59］ Branson, William H, Halttunen, et al. Exchange rates in the short run: the dollar-deutschemark rate ［J］. European Economic Review, 1977, 10 (4): 303-324.

［60］ Frankel, Jeffrey A. In search of the exchange risk premium: a six-currency test assuming mean-variance optimization ［J］. Journal of International Money & Finance, 1982b, 1 (3): 255-274.

［61］ Rogoff, Kenneth. On the effects of sterilized intervention: an analysis of weekly Data ［J］. Journal of Monetary Economics, 1984, 14 (2): 133-150.

［62］ Jin-Gil Jeong. What drives exchange rates the case of the yen/dollar rate ［J］. Multinational Business Review, 2000 (8): 31-36.

［63］ Goldberg M D, Frydman R. Macroeconomic fundamentals and the DM/$ exchange rate: temporal instability and the money model ［J］. International Journal of Finance & Economic, 2001 (6): 421-426.

［64］ Bergin P R. Putting the new open economic macroeconomics to a test ［Z］. University of California at Davis. Working Paper, 2001: 4-16.

［65］ Cheung Y W, Chinn M D. Empricial exchange rate models of the nineties: are any fit to survive? ［Z］. 2003: 423-429.

［66］ Schmidt, Broll. The effect of exchange rate risk on U. S. foreign direct investment: an empirical analysis ［EB/OL］. http://papers. ssrn. com/sol3/paper. cfm? abstract_id-1135687.

［67］ Frankel J A. Flexible exchange rate, prices and the role of "news": lessons from the 1970s ［J］. Journal of political Economy, 1981 (89): 665-705.

［68］ 唐国兴, 徐剑刚. 现代汇率理论及模型研究 ［M］. 北京: 中国金融出版社, 2003: 24-48.

［69］ Richard M, Levich. Empirical studies of exchange rates: price behavior, rate determination and market efficiency ［J］. Handbook of International Economics,

1983 （4） .

［70］ Cumby R, Obstfeld M. A note on exchange rate expectations and nominal interest differentials: a test of fisher hypothesis ［J］. Journal of Finance, 1981 （36）: 697-703.

［71］ Mussa M L. The theory of exchange rate determination ［M］// J. F. Bilson and R. Marston, eds. Exchange rate theory and practice. Chicago: University of Chicago press, 1984.

［72］ Poole W. Speculative prices as random walk: an analysis of ten time series of flexible exchange rates ［J］. Southern Economic Journal, 1967 （33）: 468-478.

［73］ Dooley M. Analysis of short-run exchange rate behavior: March 1973 to November 1981 ［M］//D. Bigman and T. Taya, eds. Floating exchange rate and the state of world trade payments. Cambridge, Mass: Ballinger Publishing, 1984.

［74］ Levich R M, Thomas L R. The significance of technical trading-rule profit in the foreign exchange market: a bootstrap approach ［J］. Journal of International Money and Finance, 1993 （12）: 451-474.

［75］ Copeland L. Exchange rates and international finance ［M］. Workingham: Addison-Wesley Publishing Company, 1994.

［76］ Hansen L P, Hodrick R J. Forward exchange rates as optimal predictors of future spot rates: an econometric analysis ［J］. Journal of Political Economy, 1980 （88）: 829-853.

［77］ Krasker, William S. The peso problem in testing the efficiency of forward exchange markets ［J］. Journal of Monetary Economics, 1980 （6）: 269-276.

［78］ Eichenhaum M, Evans C. Some empirical evidence on the effects of monetary policy shocks on exchange rates ［Z］. NRER Working Paper, 1993: 85-96.

［79］ Edgar E, Peters. Chaos and order in the capital markets ［M］. New York: John Wiley & Sons, 1996: 80-100.

［80］ 姜波克，陆前进 . 汇率理论和政策研究 ［M］. 上海: 复旦大学出版社, 2000.

［81］ Hansen L P, Hodrick R J. Forward exchange rates as optimal predictors of future spot rates: an econometric analysis ［J］. Journal of Political Economy, 1980 (88): 829-853.

［82］ Levy R A. The predictive significance of five-point chart patterns ［J］. Journal of Business, 1971, 44 (3): 316-323.

［83］ Chang P H K, Osler C L. Methodical madness: technical analysis and the irrationality of exchange-rate forecasts ［J］. Economic Journal, 1999 (109): 636-661.

［84］ Lo A W, Mamaysky H, Wang J. Foundations of technical analysis: computational algorithms, statistical inference and empirical implementation ［J］. The Journal of Finance, 2000, 55 (4): 1705-1765.

［85］ 欧阳红兵, 王小卒. 图形技术交易规则的预测能力和盈利能力 ［J］. 中国金融学, 2004 (2): 129-153.

［86］ Savin G, Weller P, Zvingelis J. The predictive power of "head-and-shoulders" price patterns in theUS stock market ［J］. Journal of Financial Econometrics, 2007, 5 (2): 243-265.

［87］ Wang Z G, Zeng Y, Li P. A nonparametric kernel regression method for the recognition of visual technical pattern in China's stock market ［R］. The Third International Conference on Business Intelligence and Financial Engineering, 2010: 296-300.

［88］ Wang J L, Chan S H. Trading rule discovery in the US stock market ［J］. Expert Systems with Applications, 2008, 34 (1): 1-6.

［89］ Anderson A, Faff R W. Point and figure charting: a computational methodology and trading rule performance in the S&P500 futures market ［J］. International Review of Financial Analysis, 2008, 17 (1): 198-217.

［90］ Curcio R, Goodhart C D, Guillaume, et al. Do technical trading rules generate profits? Conclusions from the intra-day foreign exchange market ［J］. International Journal of Finance and Economics, 1997 (2): 267-280.

［91］ LeBaron B. Technical trading rules and regime shifts in foreign exchange ［Z］. Working Paper, University of Wisconsin, Social System Research

Institute, 1999.

[92] Osler C L. Support for resistance: technical analysis and intraday exchange rates [Z]. Economic Policy Review, Federal Reserve Bank of New York, 2000.

[93] Neely C J. The temporal pattern of trading rule returns and exchange rate intervention: intervention does not generate technical trading profits [J]. Journal of International Economics, 2002 (58): 211-232.

[94] Saacke P. Technical analysis and the effectiveness of central bank intervention [J]. Journal of International Money and Finance, 2002 (21): 459-479.

[95] Olson D. Have trading rule profits in the currency markets declined over time? [J]. Journal of Banking and Finance, 2004 (28): 85-105.

[96] Raj M. Transactions data tests of efficiency: an investigation in the Singapore futures markets [J]. Journal of Futures Markets, 2000 (20): 687-704.

[97] 黄柏中. 技术分析原理 [M]. 北京: 经济科学出版社, 2004.

[98] 李竹渝, 鲁万波, 龚金国. 经济、金融计量学中的非参数估计技术 [M]. 北京: 科学出版社, 2007.

[99] DeGroot M. Probability and statistics [M]. California: Addison-Wesley Press, 1986: 40-83.

[100] Dempster A. Upper and lower probabilities induced by multri-valued mapping [J]. Annals of Mathematical Statistical IEEE, 1967 (38): 325-339.

[101] Shafer G. A mathematical theory of evidence [M]. Princeton: Princeton University Press, 1976.

[102] 李建军, 张冬梅, 覃锋, 等. D-S 证据理论在证券投资分析中的应用 [J]. 江西师范大学学报, 2008, 32 (8): 382-387.

[103] 杨善林, 张晨, 朱卫东. 基于证据理论的我国银行操作风险度量体系研究 [J]. 中国软科学, 2008 (3): 128-134.

[104] Dymova L, Sevastianov P, Bartosiewicz, P. A new approach to the rule-base evidential reasoning: stock trading expert system application [J]. Expert Systems with Applications, 2010 (37): 5564-5576.

[105] Sevastianov P, Dymova L. Synthesis of fuzzy logic and dempster-shafer theory

for the simulation of the decision-making process in stock trading systems ［J］. Mathematics and Computers in Simulation, 2009 (80): 506-521.

［106］易昆南，晏玉梅，徐艳卫. 证据理论在证券投资组合中的应用 ［J］. 湖南工业大学学报，2009, 23 (4): 85-87.

［107］朱厚任，朱卫东，扬善林. 基于证据理论的证券组合优化分析 ［J］. 合肥工业大学学报，2005, 28 (10): 1296-1298.

［108］朱卫东. 面向互联网基于证据理论的智能决策支持系统研究 ［D］. 合肥：合肥工业大学，2003: 96-98.

［109］岳超源. 决策理论与方法 ［M］. 北京：科学出版社，2003: 12-20.

［110］段新生. 证据推理与决策，人工智能 ［M］. 北京：中国人民大学出版社，1993.

［111］Beynon M J. DS/AHP method: a mathrrmatical analysis, including an understanding of uncertainty ［J］. Europen Journal of Operational Research, 2002, 140 (1): 14-164.

［112］向阳，史习智. 证据理论合成的一点修正 ［J］. 上海交通大学学报，2003, 33 (3): 375-360.

［113］罗志增，叶明. 用证据理论实现相关信息的融合 ［J］. 电子与信息学报，2001, 23 (10): 970-974.

［114］Appel G. The moving average convergence divergence method ［M］. Great Neck, NY: Signalert, 1979: 167-201.

［115］Cootner P H. The random character of stock market prices ［M］. Cambridge, MA: MIT Press, 1964.

［116］Wilder J W. New concepts in technical trading systems ［M］. McLeansville, N. C.: Trend Research, 1978.

［117］梁伟，张来斌，王朝晖. 基于 D-S 证据推理的成品油管道泄漏融合识别方法研究 ［J］. 机械强度，2010, 32 (3): 486-490.

［118］陈增明. 群体决策环境下证据理论决策方法研究与应用 ［D］. 合肥：合肥工业大学，2007: 86-90.

［119］曲永刚，张金水. 外汇投资学 ［M］. 北京：清华大学出版社，2005.

［120］王小平，曹立明. 遗传算法——理论、应用与软件实现 ［M］. 西安：西安交通大学出版社，2005.

［121］Bauer R J. Genetic algorithms and investment strategies ［M］. John Wiley & Sons, Inc, 1992.

［122］Rode D, Parikh S, Friedman, et al. An evolutionary approach to technical trading and capital market efficiency ［Z］. Wharton School, Working Paper, 1995.

［123］Olivier V, Dacorogna M, Chopard B. Using genetic algorithms for robust optimization in financial applications ［Z］. Research institute for applied economic, Switzerland, 1995.

［124］Papadamou S, Stephanides G. A new matlab-based toolbox for computer aided dynamic technical trading ［J］. Financial Engineering News, 2003 (31): 31-36.

［125］Hryshko A, Downs T. An implementation of genetic algorithms as a basis for a trading system on the Foreign Exchange Market ［Z］. CEC 2006, Proceedings of the 2006 Congress on Evolutionary Computation, 2006: 1695-1701.

［126］Neely C, Weller P A, Dittmar R. Is technical analysis profitable in the foreign exchange market? A genetic programming approach ［J］. Journal of Financial and Quantitative Analysis, 1997 (2): 405-426.

［127］Neely C J, Weller P A. Technical trading rules in the European monetary system ［J］. Journal of International Money and Finance, 1999 (18): 429-458.

［128］Arthur, D. E. Genetic Algorithms in search optimization and machine learing reading ［M］. New Jersey: MA Addison-Wesley, 1972.

［129］Allen F, Karjalainen R. Using genetic algorithms to find technical trading rules ［J］. Journal of Financial Economics, 1999 (51): 245-271.

［130］Fyfe C, Tarbert H. Risk adjust returns to technical trading rules: a genetic programming approach ［J］. Coputing in Economics and Finance, 1997 (6): 147-151.

［131］Fernando M A. Genetic programming prediction of stock price ［J］. Computational Economics, 2001, 16 (3): 207-236.

[132] 孟详泽, 刘新勇, 车海平, 等. 基于遗传算法的模糊神经网络股市建模与预测 [J]. 信息与控制, 1997, 26 (5): 388-392.

[133] 常松, 何建敏. 小波包与神经网络相结合的股票价格预测模型 [J]. 东南大学学报, 2001, 31 (5): 90-95.

[134] 周佩玲, 陶小丽, 傅忠谦. 基于遗传算法的 RBF 网络用于股票短期预测 [J]. 数据采集与处理, 2001, 16 (2): 249-252.

[135] 胡冰, 潘福铮, 胡清锋. 遗传算法在股票短期投资决策中的运用测 [J]. 系统工程理论与实践, 2005 (2): 7-13.

[136] 李敏强, 张俊峰, 寇纪淞. 遗传算法在股市投资策略 (战略) 研究中的应用 [J]. 系统工程理论与实践, 1998 (8): 19-25.

[137] 王吉吉, 顾培亮. 基于学习—竞争模式的启发式算法及其应用 [J]. 华中科技大学学学报 (自然科学版), 2007, 35 (5): 38-42.

[138] 任建芬, 赵瑞清, 鲍兰平. 随机最优证券投资组合模型 [J]. 系统工程理论与实践, 2000 (9): 14-18.

[139] 张伟, 周群, 孙德宝. 遗传算法求解最佳证券投资组合 [J]. 数量经济技术经济研究, 2001 (10): 114-116.

[140] 王硕, 唐小我, 曾勇. 基于加速遗传算法德组合预测方法研究 [J]. 科研管理, 2002, 23 (3): 118-121.

[141] 张莉, 唐万生, 宋军. 概率准则下组合投资的整数规划模型 [J]. 天津大学学报 (自然科学版), 2003 (4): 126-128.

[142] 黄旭阳. 基于改进的遗传算法研究证券组合投资 [Z]. 中国控制与决策学术年会会议论文, 1999: 415-420.

[143] 攀登, 吴冲锋. 用遗传算法直接搜索证券组合投资的有效边界 [J]. 系统工程学报, 2002, 17 (4): 364-367.

[144] 倪苏云, 攀登, 吴冲锋. 基于遗传算法的基金绩效综合评价 [J]. 系统工程, 2003, 21 (2): 1-5.

[145] 攀智, 张世英. 多元 GARCH 建模及其在中国股市分析中的应用 [J]. 管理科学学报, 2003, 6 (2): 68-73.

[146] Holland J H. Adaption in nature and artifical system [M]. Massachusetts: MIT

Press，1992.

［147］周明，孙树栋．遗传算法原理及应用［M］．北京：国防工业出版社，1999.

［148］周琛琛．基于 Matlab 遗传算法工具箱的函数优化问题求解［J］．现代计算机，2006（12）：84-86.

［149］薛定宇，陈阳泉．高等应用数学问题的 Matlab 解法［M］．北京：清华大学出版社，2004.

［150］雷英杰，张善文，等．Matlab 遗传算法工具箱及应用［M］．西安：西安电子科技大学出版社，2005：107-151.

［151］姜金胜．指标精粹——经典技术指标精解与妙用［M］．上海：东华大学出版社，2004.

［152］李向科．证券投资技术分析［M］．北京：中国人民大学出版社，2007.

［153］Dempster M，Jones C. A real-time adaptive trading system using genetic programming［J］. Quantitative Finance，2001（1）：397-413.

［154］Dempster M，Payne T，Romahi Y，et al. Computational learning techniques for intraday FX trading using popular technical indicators［Z］. IEEE Transactions on Neural Networks，2004，4：744-754.

［155］周正武，丁同梅，田毅红，等．Matlab 遗传算法优化工具箱（GAOT）的研究与应用［J］．机械研究与应用，2006，6（19）：69-71.

［156］于玲，贾春强．Matlab 遗传算法工具箱函数及应用实例［J］．机械工程师，2004，11（6）：27-28.

［157］刘万林，张新燕，晁勤．Matlab 环境下遗传算法优化工具箱的应用［J］．新疆大学学报，2005，8（3）：357-360.

交叉实函数与窗宽的变化关系

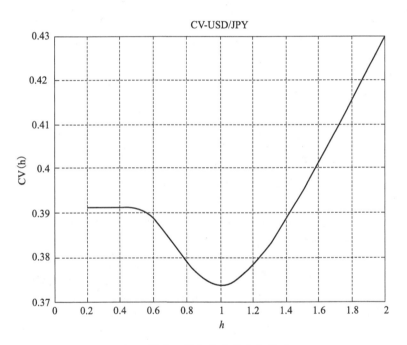

图1 核实函数与窗宽的变化关系

图1给出了USD/JPY的某个移动窗口内 CV(h) 函数值随 h 的变化而变化的一个仿真释例,其中 $0.2 < h \leqslant 2$,仿真的步长为 0.1。可以看出,CV(h) 函数值在 h 很小时并未表现出明显变化,因为太小的窗宽导致估计函数 $\hat{m}(x)$ 不能有效过滤掉噪声;随着 h 的逐渐增大,CV(h) 函数值逐渐下降到最小值;而当 h 进一步增大时,CV(h) 函数值逐渐增大,这是因为太大的窗宽使得核估计函数 $\hat{m}(x)$ 过于平滑而丢失了价格序列中真实的局部信息,进而导致核估计误差增大。

复杂技术形态识别及信息含量检测源程序代码

%%%主程序：分析形态个数、条件收益率、非条件收益率及其统计特征 %%%

```
%计算条件收益率和非条件收益率
for i = 1:K
    [ConProfit ConLongness UnProfit ShapeNum H] = SingleCurrency();
end
%
for j = 1:10
    X = 1;
    for i = 1:K
        if ConLongness(j) > 0
            Y = X + ConLongness(j) - 1;
            R(X:Y,j) = ConProfit(1:ConLongness(j),j);
            X = Y + 1;
        end
    end
end
%
[Row Column] = size(R);
for j = 1:Column
    L(j) = 0;
```

```
        for i = 1 : Row
            if R(i,j)~ = 0
                L(j) = L(j) + 1;
            end
        end
    end
    %
    UnR = UnProfit{1};
    for i = 2 : K
        UnR = [UnR UnProfit];
    end
    %
    for j = 1 : 10
        [Mean StanddeviationSkewnessKurtosis] = Statistics(R(1 : L(j),j));
    end
```

%估计各种形态的非条件收益率的统计特征

%%子程序 1:计算条件收益率和非条件收益率 %%

```
function [ConProfit ConLongness UnProfit ShapeNum H] = SingleCurrency(Curren-
cyNames)
Datas = importdata()';
for i = 1 : (DataNum - WindowWidth + 1)
    H(i) = 1.0;
end
Estimator = smooth(Datas, Start, DataNum, WindowWidth, H);
Extreme = smoothExtreme(Estimator, Start, DataNum, WindowWidth);
Extreme2 = originalExtreme(Datas, Extreme, Start, DataNum, WindowWidth);
%定义各个形态的名称
[Pattern Return] = patterns(Datas, Estimator, Extreme2, Start, DataNum, Window-
Width, n, Day, ShapeNames, DrawIndex);
```

%求各种技术形态的个数

ShapeNum = sum(Pattern, 1);

%产生非条件收益率序列

UnProfit = UnReturn(Datas, DataNum, ConLongness);

%%子程序 2：求平滑后窗口内的极值点 %%

```
function Extreme = smoothExtreme(Estimator, Start, DataNum, WindowWidth)
Extreme = zeros(DataNum - WindowWidth + 1, DataNum);
for t = Start:(DataNum - WindowWidth + 1)
    %判断是否极值点
    for tau = (t + 1):((t + WindowWidth - 1) - 1)
        if ( derivative(tau - t) * derivative(tau - t + 1) < 0)
            if   derivative(tau - t) > 0
                Extreme(t, tau) = 1;
            else
                Extreme(t, tau) = -1;
            end
        end
    end
end
```

%%子程序 3：求做平滑估计后原始价格序列中对应的局部极值点 %%

```
function Extreme2 = originalExtreme(Datas, Extreme, Start, DataNum, WindowWidth)
Extreme2 = zeros(DataNum - WindowWidth + 1, DataNum);
```

%%子程序 4：查找各种技术形态，并计算其收益 %%

```
function [Pattern Return] = patterns(Datas, Estimator, Extreme2, Start, DataNum,
WindowWidth, n, Day, ShapeNames, DrawIndex)
for t = Start:( ) - 2
    if Extreme2(t, (t + WindowWidth - 1) - n) ~= 0 %
```

[ShapeId Eindex] = findShape1 (Datas, Extreme2 (t,:), Window-Width, t, n);

    if ShapeId > 0

      [Pattern Return FigNu ShapeId)] = calcReturnOfShape1 (Datas, Estima-tor, Day, Eindex, FigNum, DrawIndex, ShapeNames);

    end

  end

end

%%子程序 5：在固定的窗口中定义形态 %%

function [ShapeId Eindex] = findShape1 (Datas, Extreme2, WindowWidth, t, n)

Eindex(i) = (t + WindowWidth − 1) − n; %

E(5) = Datas();

for tau = ():(−1):t

  if Extreme2(tau) ∽ = 0

    E(i) = Datas(tau);

    Eindex(i) = tau;

    i = i − 1;

    if i = =0

      break;

    end

  end

end

     % 判断是否存在"三重顶"

    ∘∘∘

     %判断是否存在"矩形顶"，含突破

    ∘∘∘

     %判断是否存在"头肩底"，含突破

    ∘∘∘

     %判断是否存在"三重底"

    ∘∘∘

```
            % 判断是否存在"三角底",含突破

        。。。
            % 判断是否存在"矩形底",含突破

        。。。
                end

        end

    end

end
```

%%子程序 6:计算形态的收益率 %%

```
function [Patterns Returns FigNum] = calcReturnOfShape1(Datas, Estimator, Day,
Eindex, FigNum, DrawIndex, ShapeName)
% 计算收益率
Returns;
```

%%子程序 7:判断是否存在形态%%

```
function [bFind T] = findShape2(Datas, Extreme2, WindowWidth, Flag, t, tuv);
if  (Flag = = 1)
    E1 = 0;   % Flag = = 1,
     else
    E1 = max(Datas) + 1;
    end
 Euv = Datas(tuv);
for j = (tuv - 1):( - 1):(tuv - 22)
    if (Flag = = sign(Datas(j) - Euv))
            break;
    end
end
if   j = = (tuv - 22)
```

```
for   j = (tuv-22):(-1):(t+1)
  if (Extreme2(j) == sign(Datas(j) - E1)) && (Extreme2(j) == Flag)
      E1 = Datas(j);
      T = j;
    end
  end
a3 = (E1 + Euv)/2;
interval = (max(Datas(t+1:tuv)) - min(Datas(t+1:tuv))) * a;
if (abs(E1-a3) < interval) && (abs(Euv-a3) < interval)
    bFind = 1;
  end
end
```

%%子程序 8: 计算一种形态的收益率,并画出图形 %%

```
function [Patterns Returns FigNum] = calcReturnOfShape2(Datas, Estimator, Day,
tuv, T, FigNum, DrawIndex, ShapeName)
Patterns = 1;
Returns = log(Datas(tuv + Day)) - log(Datas(tuv + Day -1));
```

%%子程序 9: 产生非条件收益率序列 %%

```
function UnProfit = UnReturn(Datas, DataNum, ConLongness)
M = sum(ConLongness);
RandomTime = myrand(2, DataNum, M);
OrderRandomTime = sort(RandomTime);
```

%%子程序 10: 估计非条件日收益率、条件日收益率的统计特征 %%

```
function [Mean Standdeviation Skewness Kurtosis] = Statistics(R)
%估计条件日收益率的统计特征
Mean = mean(R);                % 求均值
```

```
Standdeviation = std(R);          % 求标准差
Skewness = skewness(R);           % 求偏度
Kurtosis = kurtosis(R);           % 求峰度
```

%%主程序：卡方拟合优度检验源代码%%

```
CurrencyNames = {};
ComSr = StandardizeUnr(CurrencyNames,K);
OrderComSr = sort(ComSr);
[ConSR,L] = StandardizeConR(CurrencyNames,K);
for i = 1:10
    if L(i) > 0
        for j = 1:L(i)
            for k = 1:10
                if ConSR(j,i) < = Deciles(k)
                    Frequency(k,i) = Frequency(k,i) + 1;
                    break;
                end
            end
        end
    end
end
for i = 1:10
    for j = 1:10
        Percent(i,j) = (Frequency(j,i)/L(i)) * 100;
        Tstatics(i,j) = (Percent(i,j)/100 - Delta)/sqrt((Delta * (1 - Delta))/L(i));
    end
end
% 检验决策
```

D—S 证据理论外汇交易策略源程序代码

%%%:计算指标 MACD、RSI 和 CCI 组合后的收益情况主程序 %%%

%输入原始汇率价格数据,包括最高 H、最低 L 和收盘价 C;

。。。

%将各个证据所对应的基本分配函数导出;

$[m1B, m1S, m1BS] = mmacd(C)$;

$[m2B, m2S, m2BS] = mrsi(C)$;

$[m3B, m3S, m3BS] = mcci(H, L, C)$;

%求各个证据之间的冲突程度用 K 表示;

```
for i = 1:length(C)
    K(i)
end
```

%计算证据合成后买规则所对应的信任分配函数;

```
for i = 1:length(C)
    mB(i)
end
```

%再计算证据合成后卖规则所对应的信任分配函数;

```
for i = 1:length(C)
    mS(i)
end
```

%最后计算证据合成后买卖规则所对应的信任分配函数;

```
for i = 1:length(C)
    mBS(i) = (1/(1 - K(i))) * (m1BS(i) * m2BS(i) * m3BS(i));
end
% 由信任函数求信任度;
BelB = mB;
BelS = mS;
% 由似真函数求似真度;
PlB = 1 - mS;
PlS = 1 - mB;
% 根据信任度和似真度求买规则的信任区间;
BeliefintervalB(:,1) = BelB';
BeliefintervalB(:,2) = PlB';
% 根据信任度和似真度求卖规则的信任区间;
BeliefintervalS(:,1) = BelS';
BeliefintervalS(:,2) = PlS';
numberB = 0;
for i = 1:N
    if () < = U
        numberB = numberB + 1;
        buyinterval(i) = 1;
    end
end
for i = 1:N
    if () > = U
        numberCL = numberCL + 1;
        closelonginterval(i) = 2;
    end
end
% 根据信任度和似真度求卖规则的信任区间;
```

```
BeliefintervalS( : ,1) = BelS';
BeliefintervalS( : ,2) = PlS';
for i = 1 : N
    if  ( ) < = U2
        numberS = numberS + 1;
        sellinterval( i) = - 1;
    end
end
for i = 1 : N
    if  ( ) > = U2
        numberCS = numberCS + 1;
        closeshortinterval( i) = 2;
    end
end
signal = zeros( N,1);
for i = 1 : N
    if buyinterval( i)~ = 0;
        signal( i) = 1;
    end
    if sellinterval( i)~ = 0;
        signal( i) = - 1;
    end
end
%求正确交易信号的个数和交易信号的正确率;
[ correctNum, correctrate] = mcorrectNum( C, N, signal, numberB, numberS);
```

遗传算法外汇交易策略源程序代码

%%%主程序：基于遗传算法的外汇交易策略;%%%

%输入原始汇率价格数据 P;

%定义遗传算法参数

%定义个体的每个部分的二进制参数位长及总长 PRECI,并区域描述器 FieldD

Chrom = crtbp(NIND,PRECI) ;

%循环 MAXGEN 次遗传算法

%代计数器 gen = 1

while gen < = MAXGEN,

 %当前种群的十进制转换,并将变量中的部分参数转换为整数值

 variable = Variable(bs2rv(Chrom,FieldD)) ;

 %计算每个个体的收益率

 for j = 1:NIND

  Profits(j) = profit(p, variable(j,:)) ;

 end

 % 遗传算法性能跟踪,记录最优收益率和平均收益率 MaxProfit 和 AveProfit

 %根据遗传算法产生下一代种群

 FitnV = ranking( ) ;

 %选择使用代沟参数有少量个体选择较多个体,并保留最优个体

 SelCh = select('sus',Chrom,FitnV,GGAP) ;

 SelCh = recombin('xovdp',SelCh,) ; % 重组

```
       SelCh = mut( SelCh) ; %  变异
       %补充上上代保留的最后的一定数量个体
       Chrom = SelCh;%  将遗传产生的新种群赋给 Chrom
       gen = gen + 1; %  代计数器增加
end
%画出每代最优个体收益率和平均收益率
plot( ) ;
%取出最优交易规则
optimrule =  variable( Index( 1) ,:) ;
%根据最优交易规则对后 3 个月的检验数据集进行交易
NewPrice = importdata( 'xx') ;
%计算利用最优交易规则执行交易的收益
NewProfit = profit( NewPrice,optimrule) ;
```

后　记

本书是我在博士论文的基础上修改而成的，对刚刚诞生的作品固然满怀喜悦之情，但涌上心头的更多的却是感激。

首先，感谢我的博士导师任若恩教授，让我有幸成为他的学生。入校伊始，导师就对我提出了严格要求，希望我"好做学问、做好学问"。对我而言，这种期冀既是信任和鼓励，又是压力和动力，让初涉金融市场研究的我短期内经历了从感动、自信到彷徨、挫折、失望、坚持，再到自信的一个循环过程。论文从选题、开题、结构、表述到最终定稿的全过程，无不倾注了导师太多的心血。研究过程中，导师善于采用"醍醐灌顶"式的点拨方式，让遇到困难的我豁然开朗，并最终促成本书的产生。学术之外，导师饱含智慧和经验的话语至今仍回响在我的耳边，让我今后的学术生涯之路受益终身。师恩浩荡，终生无以回报！

读博期间，有幸得到了韩立岩教授、刘志新教授、刘善存教授等各位老师的指导。各位老师知识渊博、学养阆深、治学严谨，是我学习的楷模。他们精益求精的科研作风，诲人不倦的高尚师德，严于律己、宽以待人的崇高风范，朴实无华、平易近人的人格魅力对我影响深远，成为我人生路上的一笔宝贵财富！

本书的完成也得益于同门之间的长期交流。特别值得感谢的是我的师兄郑海涛、樊茂清、张金宝，与他们的探讨常常使我冒出思想的火花，激发了我继续深入探索、研究的动力和勇气。黄薇、郭茵、林黎、高波、郭宝生等其他同门师兄师姐、师弟师妹，都以自身突出的研究能力和对学术的虔诚激励着我。他们不仅在学术上给我启发，而且在生活上为我提供了很大帮助。师门情谊，永生难忘！

最后，感谢我的父母一直以来对我学业和工作的支持、理解和鼓励。他们用深厚而有力的爱关怀着我生活的点点滴滴，让我没有后顾之忧地投入到学习和工作当中。感谢他们最无私的爱和养育之恩。感谢我的先生李风光和我可爱的儿子，感谢他们给予的爱和关怀，使我在前行的道路上更加坚定，让我更加珍惜身边的幸福，我会用我的一生来爱你们！此外，还要感谢我的弟弟妹妹，感谢他们的关心和支持！

谨以此书献给所有关心过我、帮助过我、支持过我、鼓励过我和理解过我的师长、亲人、学友和朋友们！

最后，感谢岁月与困难对我的磨砺！

张华

2019 年 5 月 26 日